됫다!
무조건
팔리는
10문장

된다! 무조건 팔리는 10문장

1판 1쇄 인쇄 2021년 10월 12일
1판 1쇄 발행 2021년 10월 15일

지은이 이용만
펴낸이 이기준
펴낸곳 리더북스
출판등록 2004년 10월 15일(제2004-000132호)
주소 경기도 고양시 덕양구 지도로 84, 301호(토당동, 영빌딩)
전화 031)971-2691
팩스 031)971-2692
이메일 leaderbooks@hanmail.net

ISBN 979-11-90616-46-1 13320

글쓰기가 막막한 당신에게 진짜 무기가 되는
10문장으로 돈 버는 공식

된다! 무조건 팔리는 10문장

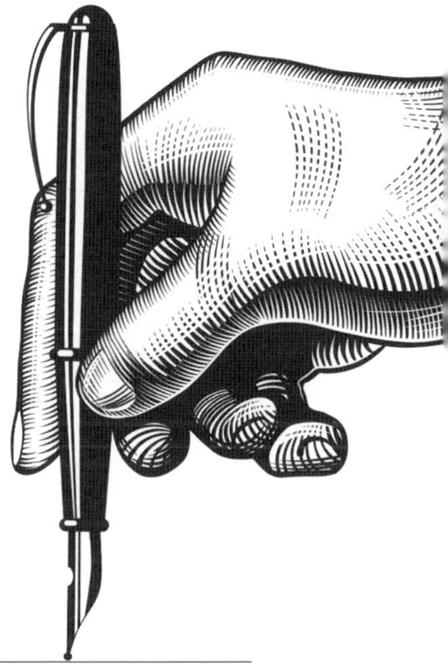

이용만 지음

리더북스

2020년 10월의 어느 멋진 날에, 혼자 드라이브를 하며 차 속에서 라디오를 듣고 있었다. 라디오에서는 당시 갓 은퇴한, 한화의 레전드 '김태균'의 전화 인터뷰가 한창이었다.

진행자: 역대 가장 뛰어난 타자는 누굽니까? (본인 빼고)

김태균: 이승엽 선배님입니다. 홈런 치는 능력이 제일 탁월하기 때문입니다.

진행자: 이승엽 선수가 홈런을 많이 치는 비결이 뭘까요?

김태균: 아무래도 이승엽 선배님은 홈런을 만들어 친다는 느낌이 있습니다.

진행자: 어떤 거예요? 만들어 친다는 게?

김태균: 음…. 어떤 건지 알면 제가…….

참 좋은 상품인데, 진짜 좋은데 어떻게 글로 표현할 방법을 모르겠죠?

- 몇 날 며칠을 머리 싸매고 힘들게 제품을 만들었는데,
  막상 상품으로 팔려니까 더 힘들죠?
- 하루하루 장사하기도 바쁜데 무슨 브랜딩이며 SNS 마케팅이며
  알아야 할 것들이 막 쏟아져나오죠?
- 여기저기에서 페이스북, 블로그, 인스타그램 등을 배우긴 했는데
  매출이 안 오르죠?
- 일단 팔고 보자며 울며 겨자 먹기 식으로 경쟁사보다
  무조건 싸게 파는데도 안 팔리죠?
- 시중에 널린 마케팅 책이나 강의, 값비싼 코칭을 받아도
  막상 혼자 상세페이지 하나 쓰기도 막막하죠?
- 유튜브 등 영상으로 홍보하려고 하니 말(스피치)만 잘하면
  될 줄 알았는데, 글(원고)이 먼저 필요하죠?

진짜 최악은, 나름대로 '홍보 글/상세페이지'라고 돈 들여 시간 들여 영혼까지 갈아 넣은 당신의 글들이 고객의 기억 속에서 단 1초 만에 사르르 사라져버린다는 사실이다. 클릭해서 단 한 번이라도 끝까지 훑어보기라도 하면 그나마 다행이겠지만. 팔리는 건 차치하고.

WOW 축하한다

위와 같은 어려움을 겪어본 혹은 겪고 있거나 겪을 예정인 대한민국 323만 소상공인(1인기업 포함)이라면 대단히 축하한다. 자의든 타의든 이 책을 읽고 있다면 당신에겐 일생일대의 큰 행운이자 기회이기 때문이다.

이 한 권의 책으로 지금까지 당신을 괴롭히던 브랜딩, 마케팅 글쓰기 고민은 끝났다. 딱 '10문장'으로, 단 10분 만에 쓰고, 쭉 10년 이상을 우리 엄마들이 주야장천 끓여주던 곰탕처럼 우려먹으면 된다. 그것도 당신이 원하는 만큼 비싸게.

385년 역사가 있는, 미국에서 가장 오래된 고등교육기관인 하버드대학교에서도 이런 글쓰기 수업은 못 받는다. 실제로 현실에서 가장 필요한 글쓰기 요령인데 말이다.

만약 당신이 그동안 상세페이지 글쓰기를 비롯해 온·오프라인 마케팅에 단돈 몇만 원에서 최대 몇천만 원까지 지출했다면, 더는 돈을 지출하지 않아도 된다. 만약 이 책 13,000원이 최초의 투자라면 그 자체로 이미 성공이다. 다시 말해, 경제적으로 1,300만 원 그 이상의 수익을 냈다는 걸 의미한다. 이 얼마나 축하받을 일인가. 심지어 이 책은 절박한 당신에게 큰 웃음도 안겨준다.

흔히 하는 말 중에 '힘들 때 웃는 자가 일류'라는 말이 있다. 해보면 알겠지만, 힘들 때 억지로 웃는 건 더 힘들다. 그러나 걱정하지 말 것.

책을 읽는 자체만으로도 자연스럽게 웃음을 만들어 줄 테니까. 이제부터 당신은 일류다.

나는 글쓰기를 말할 자격이 있다

"아, 그런데 내가 누구냐고?"

성격이 급한 사람이라면 당연히 놓쳤을 이 책의 저자소개 부분(책표지 앞날개)을 얼른 읽어보길 바란다.

나는 대한민국 '글쓰기 컨설턴트'다. 각자 상황과 목적에 맞는 글쓰기를 1:1 개인 컨설팅하고 있다.

돈이 없다고 해서 무료로 알려주고, 말귀를 못 알아듣길래 직접 불러주면서 받아적게 하고, 돈 싸 들고 와서 제발 가르쳐달라고 애원해서 알려주고, 어떤 사람은 글쓰기 재능이 좀 보이길래 직접 컨설팅해주겠다고 제안해서 알려주고……. 그렇게 컨설팅·코칭·상담까지 해준 사람들이 4열 종대 앉아 번호로 연병장 두 바퀴다. 그 숫자가 어느덧 3,000명에 육박한다.

나는 글을 잘 쓰기 위해 남들은 안 하는 2가지 노력을 매일 한다. 매일 '생각'하고, 매일 '메모'한다. 만약 당신이 글을 못 쓴다면 둘 중 하나만 하거나 둘 다 안 하거나, 둘 중 하나다. 글을 잘 쓰고 못 쓰고를 떠나서 글을 쓴다는 행위 자체가 피곤하고 두려운 이들을 위해 내가 시행착오를 겪으며 깨닫고 터득한 내용을 이 책에 고스란히 담았다.

구태의연하게 설명하기보다는 이어질 글로써 모조리 보여주겠다. 직접 경험해보길 바란다. 한 번도 경험해보지 못한 그런 경험. 텍스트로

된 글을 눈으로 읽고 있지만, 코앞에서 1:1 글쓰기 컨설팅을 마치 귀로 듣는 오디오북 느낌의 경험. 딱딱하고 재미없을 것만 같은 글쓰기 책을 읽으면서 어느샌가 입가에 미소짓고 있는 그런 경험 말이다.

글쓰기는 원하는 것을 얻도록 돕는 최고의 전략적 무기다

문화비평가이자 토론토대학교 심리학과 교수인 조던 피터슨의 말을 빌리자면, '글쓰기는 무기'다. 그것도 아주 강력한 무기. 그는 생각하는 법을 배우기 위해 글을 쓰는 것이라고 역설한다. 나아가 제대로 된 생각이 우리 삶에서 더 효과적인 행동을 이끈다고 주장한다.

글을 쓴다는 건 단순히 내 상품 몇 개 팔아보겠다고 각종 감언이설로 텍스트를 도배하는 행위가 아니다. 잘 세팅된 하나의 상세페이지로 많이 팔면 장땡이라고 생각할지도 모르겠으나, 사실 궁극적으로 글쓰기를 배우는 목적이 될 수 없다.

만약에 당신이 제대로 생각을 할 수 있고, 그 생각을 온전히 말로 표현할 수 있다면 어떨까? 상품 몇 개 팔고의 문제가 아니라 상대방을 완벽하게 내 편으로 만들 수 있고, 반대로 상대방을 완벽하게 제압할 수도 있다. 결론적으로 비즈니스든 삶이든 당신의 앞길을 막을 수 있는 건 아무것도 없다는 것이다. 이 결론의 전제조건은 제대로 된 생각을 할 수 있다는 것이고, 이를 가능케 하는 것이 글쓰기다. 그래서 당신은 글쓰기를 제대로 배워야 한다.

다만, 이 책은 비즈니스를 하는데 당장 오늘내일하거나 경제적 활동이 멈춰 일시적으로 수입과 뇌가 정지되었을 경우 실시하는 응급처치의 목적을 최우선으로 한다. 요린이(요리+어린이=요리 초보자)들에게 방구석에서 설탕 반 기타 재료 반으로 10분 만에 그럴싸한 요리를 뚝딱 만들어주는 백종원과 같다고 볼 수 있다. 당신은 앞으로 내가 제시할 10가지 레시피를 순서대로만 넣어주면, 10분 만에 그럴싸한 상세페이지가 한 편 뚝딱 써지는 놀라운 경험을 하게 된다. 심지어 그 한 편의 글은 '만능간장'처럼 다양한 상황에서 아주 요긴하게 써먹을 수 있다.

전략적 무기(글쓰기)에 집중 투자하라. 당신이 누구든 상관없이

워런 버핏Warren Buffett은 주식에만 투자하지 않는다. 매년 주주들에게 보내는 연례 서한annual letter에도 시간과 노력을 아낌없이 투자한다. 그래서 그는 성공한 투자의 달인이자 '글쓰기 전략가'다.

미국변호사협회American Bar Association 사이트엔 '더 나은 법률 글쓰기를 위한 10가지 팁'10 tips for better legal writing. April 2019을 소개하고 있다. 10가지 중 마지막 10번째가 흥미롭다.

10. Emulate Warren Buffett. (워런 버핏을 모방하라.)

미국 변호사들에게 워런 버핏의 주식투자를 따라 하라는 말인가?

아니다. 버핏의 글쓰기(연례 서한)를 그대로 따라 하라는 말이다. 심지어 버핏이 사용하는 문장의 길이가 평균 13.5단어, 단어당 글자 수는 평균 4.9단어(His average sentence length is 13.5 words and his letters per word average around 4.9)라고 콕 짚어서 표현하기도 했다.

변호사들에게 글쓰기는 유리한 결과를 얻을 수 있는 능력이고, 고객에게 깊은 인상을 남길 수 있다며 권장하고 있다. 마지막으로 "법률적인 글쓰기나 어떤 종류의 글쓰기를 개선하는 유일한 방법은 계속하는 것"(The only way to improve your legal writing or any kind of writing is to keep doing it)이라고 덧붙였다.

아마존 CEO이자 세계 최고 부자로 유명한 제프 베이조스Jeffrey Preston Bezos는 직원들에게 파워포인트 대신에 A4용지 6장으로 글을 쓰라고 지시했다. 세계적으로 인정받는 IT 기술자들에게 새로운 고문 방식이 아닐 수 없었다. 그런데도 제프 베이조스가 직원들에게 글쓰기를 강요한 이유가 있다. 비판적인 사고력을 향상하게 하고, 뚜렷한 목표와 구체적인 실천안을 만들어 낼 방법은 글쓰기밖에 없다고 판단했기 때문이다. 다시 말해 글쓰기가 목표를 세우고 달성하는 데 있어서 최고의 도구이며, 리더에겐 최고의 무기임에 틀림없다는 사실이다.

- 아직도 워런 버핏의 주 무기가 코카콜라 하나라고 생각하는가?
- 아직도 제프 베이조스의 주 무기가 쇼핑몰 하나라고 생각하는가?

세계적인 부자들에겐 더 강력한 '글쓰기'라는 전략적 무기가 있다는 걸 기억하라!

글쓰기는 매우 중요하다

왜 중요한지 더는 설명하지 않겠다. 만약 당신이 지금 장사 혹은 사업을 하거나 1인기업으로서 강의, 코칭을 하는데도 불구하고 아직도 그 이유를 모른다면 얼른 이 책을 덮어버려라. 혹시 책을 구매했다면 고맙긴 하지만, 얼른 뛰어가 환불을 받길 바란다. 글쓰기의 중요성을 모른다는 건, 신혼부부가 진짜 손만 잡고 자면서 "왜 아이가 안 생기는지 모른다."라고 하는 말과 같다. 더 이상의 자세한 설명은 생략한다.

글쓰기는 어렵지 않다

아주, 너무, 매우, 되게, 굉장히, 참, 몹시, 대단히, 무척 어렵다. 많은 사람이 오해하는 게 있는데 '글쓰기는 어렵다'라는 편견이다. 앞서 언급했듯 그냥 어려운 게 아니라 '엄청' 어렵다. 단순히 글을 쓴다는 행위 자체도 어렵고 피곤한데, 특정 대상을 유혹(설득)하고 돈(수익)을 만들어 내야 하는 마케팅 글쓰기는 어떨까? 글쓰기가 쉬웠으면 나 같은 글쓰기 컨설턴트나 책 쓰기 강사, 작가들은 다 굶어 죽었을지도 모른다.

하지만 글쓰기가 어렵다고 했지, 불가능하다고는 하지 않았다.

글을 쉽게 쓰는 '방법'은 존재한다. 당신이 글쓰기의 중요성을 충분히 인식하고 있다면, 마케팅 글쓰기는 단 10분만 투자하면 된다. 우리는 지금 노벨문학상을 받고자 글을 쓰는 게 아니다. 글을 잘 쓰고 못 쓰고의 문제가 아니라는 말이다. 문제는 '어떻게 상대를 내 뜻대로 움직이게 하는가'이다. 쉽게 말해서 '어떻게 해야 잠재고객의 지갑을 열게 하는가'

이다. 그것도 짧은 단 한 편의 글로써 말이다.

"진짜 상세페이지 한 편이 뚝딱 써지네요!"
"12개 기업에 제안서를 넣었습니다. 그런데 벌써 다섯 군데에서 러브콜이 와요!"
"그동안 계속 거절했던 업체에서, 어제 먼저 연락이 왔습니다."
"와 대박! 가격을 올렸더니 오히려 더 많이 팔려요!"

불가능해 보이는가? 단언컨대 이 책은 당신의 의심을 확신으로 바꿔준다.

다행히도 당신은 글쓰기에 어떠한 재능도 열정도 필요 없다. 일단 팔아야 할 상품이 있고, 그게 잘 안 팔리고 있는 게 문제일 뿐이다. 누구나 팔 상품은 있다. 자신을 스스로 팔아야 할 때도 있다. 가령 면접을 앞둔 취업준비생이나 1인기업의 경우다. 또한, 잘 팔리고 있는데 매번 상세페이지나 홍보 글, 각종 멘트들을 생각해내는 게 힘들다고 느끼는 사람들도 좋다. 사실 매번 쓰면서도 '이게 잘 쓰고 있는 것인지' 불안하기도 했을 것이다. 놀라운 건, 어디서 주워듣거나 잠깐 배워서 홍보 글을 쓰긴 썼는데 '왜 팔리는지' 그 근본적인 이유조차도 모르는 사람들이 부지기수라는 점이다.

앞으로 '글을 어떤 순서대로 써야 하는지', '어떤 표현이 사람들을 안 사고는 못 배기게 만드는지'를 하나하나 짚어주겠다. 그리고 올해 환갑인 우리 엄마가 외출만 하면 도대체 왜, 건강보조식품을 몇십만 원어치 사 오는지 그 이유도 함께 알아보는 값진 시간을 가져보자.

“웃는 얼굴이 아니면 가게 문을 열지 마라.”

중국 속담이라고 한다. 찾아보면 비슷한 표현들이 많다. 예를 들면 “웃는 얼굴이 없는 남자는 상점을 개설해선 안 된다.”, “웃을 수 없는 자는 장사를 하지 마라.”, “웃지 않는 사람은 장사하지 마라.” 등등. 결국, 전달하고자 하는 핵심은 ‘웃는 얼굴로 고객 서비스를 해야 한다.’라는 말이다.

하지만 진짜 고수는 고객을 웃는 얼굴로 만드는 사람이다. 그럴 수만 있다면 가게 문이 아니라 고객의 지갑과 계좌가 열린다. 그런 의미에서 나는 중국 속담이라고 알려진 위 문장을 살짝 바꾸고 싶다.

“독자를 웃게 만들 수 없다면 책을 내지 마라.”

지난 35년 동안 내겐 늘 갈증이 있었다. ‘너무 재미있어서 읽는 내내 독자가 웃으면서 읽을 수 있는 책은 왜 없을까?’, ‘글(텍스트)만 읽어도 엔도르핀, 세로토닌, 도파민 그리고 다이돌핀까지 우리 몸에 좋은 호르몬을 나오게 할 순 없을까?’, ‘그냥 웃으면서 배우다가 어느 순간 글이 써질 순 없을까?’ 이 채워지지 않은 고민은 결국 견딜 수 없는 타는 목마름을 만들었다.

미국 소설가이자 1993년 노벨문학상 수상자인 토니 모리슨은 "당신이 정말로 읽고 싶은 책이 있는데 아직 그런 책이 없다면, 당신이 직접 써야 한다."라고 말했다. 그래서 내가 감동, 공감, 위로, 교훈, 정보 그리고 재미까지 주는 그런 책을 직접 쓰기로 했다. 아무도 안 쓰는 것인지 못 쓰는 것인지는 모르겠지만.

시중에 널린 '글쓰기 노하우, 비법' 같은 부류의 책들도 모조리 찾아봤다. '쉽고, 짧게' 쓰라는 말을 왜 그렇게 '어렵고, 길게' 써놨는지 모르겠다. 그래서 이 책은 최대한 쉽고, 짧게 썼다. 그랬더니 시간이 남아서 '재미'도 넣었다. 책 속엔 각종 수사법, 비유, 반전 등 유머 포인트들이 교묘하게 숨어 있다. 소풍 가서 보물찾기하듯 숨겨진 선물들을 하나하나 찾아보길 바란다. 걱정하지 말 것. 꽝은 없다.

이 책은 최고의 선물이다

물론 이 책을 내가 써서 하는 말이기도 하지만, 당신의 인생에서 '최고의 선물'이 될 것이라 자부한다. 참고로 내 인생의 '최고의 선물'은 현재 36개월 된 하나밖에 없는 '아들'이다. 결혼 후 3년 동안 애타게 기다린 생명체이기에 더더욱 소중하게 느껴지는 것인지도 모르겠다. 여하튼 태생부터 효자다. 그 녀석은 빈손으로 세상 밖 그리고 우리 품에 오기가 좀 미안했는지, 손수 선물을 하나 챙겨서 왔다.

바로 '선천성 갑상선 기능 저하증'이라는 호르몬 질환이다. 신생아 7,000명 중 1명꼴로 발생하는 매우 드문 질환인데, 그 대단한 확률을 뚫은 더 대단한 녀석이다. 아무튼, 그런 이유로 아들은 태어나면서부터 매일 아침 갑상선 약을 먹어야 한다. 그리고 365일 목에 꼭 손수건을 감싸주고 있다.

그러던 어느 날, 아들을 씻기고 목에 손수건을 둘러준다는 걸 깜빡했다. 그랬더니 아들이 목이 추운 듯 크게 외쳤다.

"목, 차!"

('목차'로 이어짐)

목차

LESSON 6 식스맨(Sixth Man)

LESSON 7 생각도 사치다. (빈칸)만 채우면 끝!

부 록 [부록]이라 쓰고, 부자 되는 어록이라 읽는다

프롤로그

글쓰기를 왜 배워야 하는가

36개월 된 아들에게 〈곰 세 마리〉 동요를 알려줬다.

"곰 세 마리가 한집에 있어. 아빠 곰, 엄마 곰, 아기 곰. 아빠 곰은 뚱뚱해, 엄마 곰은 날씬해, 아기 곰은 너무 귀여워."라고 가사 그대로 불러줬다. 자려고 누운 애 앞에서. 난, 곰도 아닌데 재주까지 부려줬다. 아비의 애쓰는 모습에 감동했는지 아들이 답가를 불러줬다.

"아빠 곰은 뚱뚱해, 엄마 곰은 뚱뚱해."

부엌에 있던 아내가 손에 쥔 치킨 한 조각을 조심스럽게 내려놓았다. 아내는 본의 아니게 절제하는 법을 배우고 있었다.

그렇다. 인간은 태어나면서부터 많은 것을 배운다. 원하든 원치 않든 말이다. 예를 들면 말하는 방법, 숟가락 드는 방법, 젓가락질하는 방법, 걷는 방법, 자전거 타는 방법 그리고 살을 빼는 방법 등 모든 행위가 다 배우는 과정이다.

그렇다면, 인간은 왜 배우는 것일까?

그 이유는 자신에게 아직 갖춰지지 않는 것들이 많기 때문이다. 그래서 배운다. '배운다'라는 것은 '자신에게 아직 갖춰지지 않은 것을 갖춰가는 전 과정'이라 할 수 있다.

그렇다면, 왜 아직 갖춰지지 않은 것을 갖추는가?

그것은 생존하기 위해서다. 더 잘 배운 사람은 생존의 질과 양이 높다. 덜 배운 사람은 생존의 질과 양이 낮을 수밖에 없다.

한 가지 예를 들어보겠다.

'빵을 만드는 일이 아주 중요하다.'라고 가정해보자. 빵을 만들 줄 아는 사람은 생존능력이 크다. 반대로 빵을 만들 줄 모르는 사람은 생존능력이 작다. 그래서 빵을 만들지 못하는 사람은 빵을 만들 줄 아는 사람에게 종속될 수밖에 없다. 빵을 만들 줄 아는 사람은 그렇지 못한 사람과 비교해서 훨씬 주도적이고 자유롭다. 그러니까 우리가 배우는 궁극적인 목적은 우리의 '생존의 질과 양을 증가'시키는 데 있다.

그렇다면, 생존의 질과 양을 증가시키려는 이유는 무엇일까?

내가 누구에게 종속되는 양을 줄여서 내가 훨씬 더 자유롭기 위해서이다. 그래서 더 많이, 잘 배운 사람은 자기 주도권이 커져 생존력이 증가한 상태다. 그런 상태를 더 자유롭다고 말한다.

당신이 거상이나 CEO 혹은 성공한 1인 기업을 꿈꾼다면, 글쓰기를 반드시 배워야 하는 이유도 여기에 있다. 글을 잘 쓰는 사람은 글쓰기를 잘하지 못하는 사람보다 훨씬 생존능력이 크다. 글쓰기를 못 하는 사람은 글쓰기를 잘하는 사람에게 결국 종속될 수밖에 없다. 특히 비즈니스 글쓰기를 잘하는 사람은 그렇지 못한 사람과 비교해 생존의 질과 양이 크고, 그로 인해 훨씬 주도적이고 자유롭다. 다수의 1인 기업을 꿈꾸는 디지털노마드는 비즈니스 글쓰기 능력이 뒷받침되지 않으면 불가능하다.

혹시 지금 이 순간에도 하루하루 먹고살기도 바쁜데 무슨 글쓰기를 비싼 돈 주고 배우냐며 오지도 않는 손님만 하염없이 기다리고 있다면,

무슨 글쓰기 책 한 권 본다고 글이 써지냐며 어이없어하고 있다면,

하루하루 직장에서 퇴근 시간만 바라보며 시간팔이를 하고 있다면,

코로나 핑계로 장사도 안 되고, 강의도 수입도 없다고 한탄만 하고 있다면,

단언컨대 당신은 죽을 때까지 글쓰기를 잘하는 사람에게 종속되어 자유로울 수 없다. 이것이 바로 당신이 글쓰기를 반드시 배워야 하는 이유다.

PS.

살을 빼는 것보다, 글을 잘 쓰는 것이 더 쉽고 빠르다.

36년째 다이어트에 실패하고 있는 우리 엄마를 봤을 때.

LESSON 1

보이지 않는 벽을 보여줄게

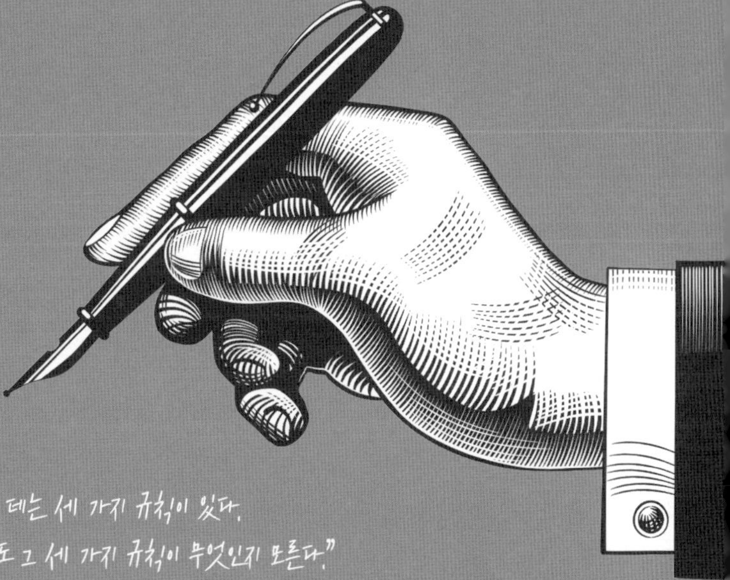

"좋은 책을 쓰는 데는 세 가지 규칙이 있다.
안타깝게도 누구도 그 세 가지 규칙이 무엇인지 모른다."

—윌리엄 서머싯 몸(William Somerset Maugham)

당신의 상품이 팔리지 않는 이유

"왜 내 상품이 팔리지 않지?"

"왜 내 강의를 불러주지 않지?"

"왜 난 안 되지?"

"난 왜 안 되지?"

그러니까 당신이 안 되는 거다!

아, 물론 '된다, 된다' 하다가 10년 만에 결국 진짜 된 친구도 있다. 공무원 공부한다며 정말 10년 내내 '된다, 된다'를 입버릇처럼 하던 친구가 드디어 정말 돼버렸다.

"jot 됐다."

당신도 저 친구처럼 X 되기 전에 정신 차리고 생각을 전환해야 한다. "상품이 왜 안 팔릴까?"가 아니라, "사람들이 왜 안 살까?"로 말이다.

'왜 안 팔릴까?' → '왜 안 살까?'

"아니 이렇게 좋은데, 왜 안 살까?"

"아니 이렇게 싸게 파는데, 왜 안 살까?"

"인간적으로 정말 멋진 디자인인데, 왜 안 살까?"

"타깃에게 꼭 필요한 것만 모아놨는데, 왜 안 살까?"

너에겐 항상 벽이 느껴져. 완벽!

인간은 그렇게 이해하기 쉬운 동물이 아니다.

실제로 오스트리아의 신경과 의사이자 정신분석의 창시자 지그문트 프로이트Sigmund Freud의 연구결과에서 그 힌트를 얻을 수 있다. 프로이트는 "30년간 여자에 관해 연구했지만, 가장 큰 의문은 도대체 여자가 무엇을 원하는지 모른다는 것이다."라고 밝힌 바 있다. 그는 인간의 무의식을 최초로 발견하는 데는 성공했지만, 여자의 욕구를 발견하기는 불가능했나 보다.

여자의 니즈까지는 모르겠고, 확실한 건 하나 있다. 여자, 남자를 떠나 사람이라면 누구나 똑같이 느끼는 심리적인 벽이 있다는 사실이다. 인간은 누구나 '어떤 선택(구매)'을 함에 있어서 모두가 동일하게 마음속에 가지고 있는 '보이지 않는 벽'이 있다. 좀 더 있어 보이게 말하자면 '심리적 허들'이다.

쉽게 말하면 누구나 무언가를 구매하기 전에 반드시 거쳐야 할 '망설임 문턱'이 총 10개가 존재한다는 것이다. 잠재고객 마음속 10개의 망설임 문턱을 통과하지 못하기 때문에 당신의 상품이 팔릴 턱이 없는 것이다.

아내가 TV 홈쇼핑을 보다가 느닷없이 간장게장 2박스를 지르는 데는 다 그만한 이유가 있다. 옆에서 보기엔 아무 생각 없이 충동구매하는 것 같지만, 5분 만에 10개의 심리적 허들이 와르르 무너졌기 때문에 가능한 일이다. 이쯤 되면 밥도둑이 아니라 여심 도둑이라 해도 무방해지는 순간이다.

김수미도 모르는 간장게장의 비밀!

과연 간장게장은 어떻게 그 짧은 시간, 5분 만에 인간이 가진 망설임의 10가지 벽을 그렇게도 쉽게 허물 수 있었을까? 그 과정을 지금부터 하나씩 하나씩 순서대로 공개하겠다. 그래서 이 책은 끊어서 읽기란 사실상 불가능하다. 책표지를 넘기는 순간 무조건 끝까지 읽게 된다. 비슷한 느낌의 과자 프링글스와 한 가지 차이점이 있다면 많이 씹어 먹을수록 프링글스는 몸에 해롭지만, 이 책은 이롭다.

그리고 당신의 상품을 비싸게 파는 비책까지 지금부터 전부 공개한다.

왜 하필 '10문장'인가?

몸은 10개라도 모자라지만

글은 10문장이면 충분하다.

10문장은 규정이다

2012년 런던 올림픽을 앞두고 영국에서 맷돌 손잡이가 없어지는 일이 벌어졌다. 이 어처구니(맷돌 손잡이)없는 일을 벌인 주인공은 여자 100m 허들경기 조직위원회였고, 그 피해는 고스란히 영국 육상스타 제시카 에니스에게 돌아갔다. 그녀는 2012년 5월 20일 영국 런던 맨체스터 시티센터에서 열린 그레이트 시티 게임즈Great City Games 여자 100m 허들경기에서 개인 최고기록 12초 75로 1위를 차지했지만, 영광의 순간은 찰나로 끝이 났다. 당시 2008년 베이징 올림픽 여자 100m 금메

달리스트 돈 하퍼를 제치며 기뻐하던 그녀에게 미소 대신 기록 취소를 안겨준 이유는 무엇이었을까?

육상에서 허들의 개수는 레인별 각 10개씩 배치되어야 한다. 그런데 당시 대회 조직위원회가 허들을 10개 설치해야 하는 규정보다 1개 모자란 9개만 설치한 채 경기를 치렀기 때문이다. 이후 올림픽 육상경기는 10까지 제대로 셀 수 있는 능력이 있는 경기진행요원을 배치했다고.

인간이 가지고 있는 심리적 허들의 개수도 마찬가지다. 구매까지 가는 길목에 의심하고 망설이는 문턱이 10개씩 배치되어 있다. 그중 1개라도 넘지 못하면 안 팔리고, 1개라도 찝찝하게 넘어간다면 불완전판매로 이어질 수 있다. 환불 요청 없고 재구매율은 높이는 완벽한 판매를 위해 인간이 지닌 10가지 심리적 허들을 단계별로 반드시 제거해야 한다. 이를 위해서는 최소 10문장이 필요하다는 결론이다. 물론 당신이 숫자 10까지 제대로 셀 수 있는 능력이 있다는 전제하에 가능하다.

10문장은 완전함이다

인류 최초 계산기는 무엇일까?

바로 '손가락'이다. 아들이 태어났을 때 내가 가장 먼저 확인한 것 중 하나이기도 하다. 인간의 정상적인 손가락 개수는 총 열 개다. 원시인은 자기 손가락으로 물건의 수를 헤아렸다고 한다. 이렇듯 숫자 10은 양손의 열 손가락을 기초로 나온 숫자로 완성, 모든 계산의 기본을 나타낸다.

고대 그리스의 수학자이자 철학자인 피타고라스Pythagoras는 세상 만물은 숫자로 연결돼 있음을 주장했다. 그러면서 1에서 10까지 숫자 중 유독 10을 강조했다. 왜냐하면, 10이 바로 삼각수(테트라크티스, tetraktys)이기 때문이다. 삼각수라는 건 '볼링핀이 세워진 모습'을 생각해 보면 이해가 빠를 것이다. 그리고 이 테트라크티스 형(1+2+3+4=10)은 신성神性을 상징한다.

10은 충만과 만족의 숫자다. 정상, 최고, 충족을 뜻한다. 나아가 이해력과 절대성을 상징한다. 그리고 10이라는 숫자는 전체적 수를 의미하는데, 이는 일괄해서 정리한 전체를 이루고 있다는 의미다. 구약성경에서 10수는 전체, 완벽한 하나님의 질서, 완전한 우주성, 인간의 책임을 나타낸다. 신적 완전수인 3과 영적 완전수인 7이 더해져 질서적 완전을 실현하기 때문에 10수는 신성수神聖數로서 특히 중요시된다.

10은 모세의 십계를 나타내며 10달란트, 10개의 등불, 10인의 처녀 등의 비유에 나오는 숫자이기도 하다. 그리고 흔히 말하는 신에게 바치는 십일조(1/10)가 있다. 기독교에 가장 중요한 상징은 십계명이며, 불교에도 승려에게 주는 오계와 세속의 신자에게 주는 오계를 합한 십계가 존재한다. 이슬람법에서 10분의 1은 매우 중요한 의미가 있고, 로마숫자에서 10은 X(완전한 숫자)로 완성의 상징이다.

정리하면 10은 창조의 패러다임, 우주를 나타내는 수이며 모든 수를 포함한다. 그리고 질서, 법, 지배, 모든 사물과 가능성, 완성 그리고 완전함을 상징한다.

내가 최종적으로 마케팅·세일즈 글쓰기를 10문장으로 만든 건 글쓰기의 완성을 추구하고 완전함을 상징하기 때문이다. 첫 문장에서 마지막 열 문장까지 제대로 갖춰졌을 때 나와 고객을 모두 만족하게 할 수 있다. 모든 상품에 적용할 수 있으며, 판매의 가능성을 최대로 높여준다. 그리고 어디에도 누구에게도 종속되지 않은 채, 당신이 꿈꾸는 완전한 자유를 만끽할 수 있도록 기꺼이 도와줄 것이다.

10문장은 권리다

법조인 열이면 열이 가장 가치를 두는 헌법 조항은 무엇일까?

공통으로 대답한 조항은 바로, 대한민국 '헌법 제10조'다.

"모든 국민은 인간으로서의 존엄과 가치를 가지며, 행복을 추구할 권리를 가진다."

당신은 10문장이라는 마케팅·세일즈 글쓰기를 통해 상품 가치 및 자신의 몸값을 높인다. 또한, 경제적 이익을 실현하고 행복을 추구할 권리를 마땅히 가진다. 10문장의 글은 선택이 아니라 권리행사다.

10문장은 논리다

"옛말에 틀린 말 하나 없다."

"'10번 찍어 안 넘어가는 나무 없다.'라는 옛말이 있다."

"따라서 '10번 찍어 안 넘어가는 나무 없다.'라는 말은 틀림없다."

그래서 10문장으로 10번 찍어보겠다는 말이다.

이 얼마나 논리적인가.

실제로 컨설팅을 통해 증명된 〈10문장이어야만 하는 10가지 이유〉가 따로 있다

❶ 짧다

내 다리가 아니다. 글은 미니스커트처럼 적당히 길어서 핵심 주제를 커버해야 하고, 적당히 짧아서 시선을 끌어야 한다. 글을 수천 번 써보니까 5~7문장은 뭔가 아쉽고, 13~15문장은 너무 지루하게 느껴진다. 그래서 복숭아뼈 밑단에 딱 닿는 10부 기장의 바지처럼 깔끔하게 떨어지는 분량의 10문장이 딱!

❷ 쉽다

36개월 된 우리 아들도 숫자 10까지는 센다. 이 말인즉슨 누구나 10개의 문장은 세면서 쓸 수가 있다는 사실이다. 글 쓰는 행위가 까다롭거나 힘들지 않다. 이보다 더 쉬울 순 없다.

❸ 10살 아이도 쓸 수 있다

미취학 아동 및 9세 이하를 제외한 한글을 뗀 모든 사람이 한번 보고 바로 따라서 쓸 수 있다. 심지어 설거지를 막 끝낸 가정주부도 별도의 준비 없이 글 쓸 '의지'와 앉을 '의자'만 있으면 즉시 가능하다.

❹ 빠르다. 10분이면 끝!

10살 아이가 공부나 숙제를 할 때 집중할 수 있는 시간은 평균 15~20분이다. 그래서 글쓰기는 아무리 오래 걸려도 15분 안에 끝나야 한다. 혹시 모를 과민성 대장증후군 등 여러 변수를 고려해서 10문장이면 딱!

이제부터 설득하는 글쓰기, 마케팅·세일즈 글쓰기, 비즈니스 글을 쓰려고 고민하거나 생각할 필요가 없다. 그냥 주어진 빈칸에 그대로 집어넣기만 하면 끝이다. 1문장 쓰는데, 평균 1분이면 족하다.

❺ 만능간장엔 10가지 재료가 들어간다

'양조간장, 맛술, 양파, 대파, 말린 표고버섯, 다시마, 멸치, 생수, 무 그리고 설탕'.

만능간장을 만들려면 총 10가지 재료가 필요하다. 한 번 만들어놓으면 웬만한 요리에 다 써먹을 수 있다는 강점이 있다.

10개의 문장을 순서에 맞게 글 한 편만 잘 써놓으면 웬만한 마케팅,

브랜딩 등 판매와 관련된 모든 글쓰기는 다 쓸 수 있다. 게다가 기호에 맞게 문장을 늘리거나 내용을 추가하면 제안서, 상세페이지가 되고, 목차를 만들고 사례를 추가하면 한 권의 책이 된다. 반대로 문장을 상황에 맞게 줄이면 SNS 마케팅 홍보문구, 문자 메시지, 심지어 명함에 들어가는 문구로도 활용할 수 있다. 그야말로 만능 글쓰기다.

❻ 비싸게 팔릴 수밖에 없다

1문장~10문장으로 이어지는 글의 구조는 정상적인 뇌 구조를 지닌 사람이라면, 비싸고 싸고의 가격을 떠나 무조건 살 수밖에 없는 심리만 콕콕 자극하기 때문이다. 10번의 반복된 자극은 잠재고객에게 글을 읽어 내려가면서 가격에 대한 저항과 가격 비교할 생각 자체를 없애준다.

❼ '호랑나비'다

인간의 심리는 수백 년 전부터 연구되고 있다. 그리고 앞으로 당신의 남은 수명 동안에 전혀 새로운 인간 심리의 대전환이 일어날 확률은 거의 없다. 아니 없다. '인간의 욕심은 끝이 없고, 같은 실수를 반복한다'라고 하지 않던가.

즉, 사람들이 공통으로 가지고 있는 10가지 심리적 허들은 절대 변하지 않는다는 사실이다. 그러니 이번 기회에 확실하게 익혀놓으면, 평생 써먹을 수 있다.

그런데, 왜 호랑나비냐고?

가수 김흥국은 '호랑나비' 노래 한 곡으로 평생을 먹고살고 있으니까!

❽ 10문장을 순서대로 쓰는 순간 '프로'처럼 보인다

우리는 지금 연애편지 쓰자고 이 생고생을 하는 게 아니다. 최소한의 노력으로 최대의 이익만 내면 끝이다. 아마추어처럼 굴지 말자. 다만, 진짜 수준 높은 프로의 글쓰기를 갈망한다면 내게 1:1 컨설팅을 받으면 된다.

❾ '공짜'다

임대료, 공과금, 재료비, 인건비 등 각종 비용이 0원이다. 굳이 힘들게 힘 있는 1문장 카피에 목숨 걸 필요 없다. 우리에겐 아직 9문장의 글이 남아있으니 말이다. 어차피 1문장이나 10문장이나 쓰는데 공짜라면, 10문장 꽉 채워 쓰는 게 낫지 않겠는가?

의욕 없고 열정 없어 골치 아픈 영업사원이 없어도 된다. 잘 써놓은 한 편의 글이 알아서 내 상품을 팔아주기 때문이다. 잘 쓴 열 문장의 글 하나, 열 영업사원 부럽지 않다.

❿ 누구나 10번의 의심을 하기 때문이다

잠재고객이라면 누구나 구매 결정을 앞두고 10번의 의심을 한다. 과연 어떤 의심들일까?

이다음 페이지에서 그 의심들을 하나하나 짚어보겠다.

누구나 '10번'의 '의심'을 한다

"여기 ○○경찰서입니다."

오랜만에 늦잠을 자고 있는데 아침부터 전화벨이 울렸다. 비몽사몽으로 전화를 받았더니, 다짜고짜 경찰서인데 나한테 오전 중으로 경찰서로 오라고 했다. 잠결이었지만 보이스피싱임을 직감하고 '어디 사람을 아침부터 오라 말라 하냐'며 화를 내며 끊어버렸다. '요즘 보이스피싱은 검찰, 경찰 안 가리고, 밤낮도 안 가리고 일하는구나' 하고 다시 잤다.

30분 후, 나는 경찰서로 뛰어가서 경비교통과 선생님과 어색한 만남을 가져야만 했다. 회사 부장님이랑 단둘이 코인노래방에 들어간 느낌이랄까. 모니터 속 영상으로 보는 내 차량은 낯설었으며 경찰서 내 공기는 차가웠고, 내 얼굴은 뜨거워졌다.

그렇게 며칠 후 경찰서에서 보내준 선물이 도착했다. '방향지시등 위

반 3만 원 범칙금.' 그 사건 이후 나는 모르는 번호여도 전화를 공손하게 받고 있다. 전화금융사기나 광고가 아닐 수도 있기 때문이다.

의심 ❶ 뭐야 이거, 또 광고잖아!

질문 하나만 하겠다.

당신은 유튜브를 보는데 광고가 나오면 (당신보다 몇백 배 돈을 더 버는) 유튜버 및 구글 임직원들의 경제적 상황을 친히 고려해서 끝까지 보는가? 아니면 '광고 건너뛰기' 버튼을 누르는가?

인간은 본능적으로 엄마의 잔소리와 광고를 접하면 일단 거부한다. '뻔한 소리' 할 것이라는 걸 직감적으로 알고 있기 때문이다. 인간의 뇌는 반복되어 일어나는 일들을 예측하는 기계다. 일반적으로 생각하기에 광고는 수시로 바뀌고 다양하며 화려한 듯 보이지만, 실제 문구나 내용은 거의 비슷하거나 똑같이 반복되는 일련의 패턴을 보인다. 즉, 뇌가 이미 예측 가능한 상태가 됐다는 말이다. 게다가 소위 말하는 낚시성 광고에 당했던 과거 데이터가 있다면 지체 없이 유사한 광고들을 무시해 버리게 된다. 일단 경계하고, 광고라고 판단되는 순간 믿고 거르게 되는 것이다.

이러한 이유로 당신의 돈과 열정, 그리고 시간을 쏟아부어 정성스럽게 만든 상세페이지 등 기타 홍보용 아이템들이 한 줄기 빛을 보지도 못한 채 불특정 다수의 손가락 터치 한 번으로 날아간다. 안타깝지 않은가?

어떻게 해야 사람들에게 광고가 아닌 것처럼 보일까? 어떤 제목이 무조건 클릭을 하게 만드는 것일까? 어떻게 해야 타깃(잠재고객) 입장에서 뿌리치기가 불가능한 유혹을 할 수 있을까?

의심 ❷ 근데, 누구냐 넌?

2020년 6월 8일 출간된 한 권의 책이 있다. 최서원(최순실)이 구치소에서 쓴 회고록이다. 회고록에 회오기悔悟記라는 거창한 이름을 붙였다. 여기서 회오는 '잘못을 뉘우치고 깨달음'을 뜻한다. 그는 아무래도 회오라는 단어의 뜻을 잘못 이해하고 책을 쓴 것으로 보인다. 온통 결백, 억울, 남 탓으로 도배된 책 내용을 보고 있자니 말이다.

이 책의 제목은 《나는 누구인가》이다. 누군가 질문을 했으면 대답을 해줘야 하는 것이 인지상정이다. 그의 물음에 가장 정확한 답변은 대법원 판결로 대신한다.

"징역 18년."

너의 이름은.

얼굴 없는 천사? 키다리 아저씨?

전라북도 전주시에는 매년 연말이면 익명의 기부금을 놓고 '어려운 분들께 도움이 됐으면 좋겠다'라는 말만 남긴 채 홀연히 사라지는 사람이 있다. 그 금액이 지난 21년 동안 무려 7억 3,863만 3,150원에 달한다. 이러한 기부문화 확산을 위해 지역주민센터엔 얼굴 없는 천사의 비가 세워지기도 했다.

만약에 누군가 당신 집 앞에 매년 연말마다 A4 상자를 놓고 간다면 어떨까? 일단 호기심에 상자로 다가가 살포시 열어 볼 것이다. 세상에나! 그 속에는 돈(현금)이 들어있다. 돈을 보자마자 이게 얼마인지 가장 먼저 세어본다. 그런 다음에 갑자기 궁금해진다.

'고맙긴 한데, 이걸 누가 준 거지?'

뭔가 큰 이익을 준다는 당신의 제목에 이끌려 잠재고객이 운 좋게 클릭을 했다 치자. 고객은 그다음에 어떤 생각을 할까?

그렇다. 바로 당신이 '누구냐'는 것이다. 거기다 대고 가타부타 주저리주저리 했다가는 당신 이름도 각인 못 시킨 채, 아까운 기부금 7억 3,863만 3,150원만 날아간다. 당신의 멘탈과 함께.

얼굴 없는 천사 따라 하면 날개 잃은 천사 된다.

간혹 열심히 홍보 글(상세페이지 등)을 써놓고, 정작 본인이 누구인지 이름조차도 언급하지 않는 사람을 종종 볼 수 있다. 뭐니 뭐니 해도 가장 중요한 것은 당신의 '상품(콘텐츠)'과 '이름'을 고객이 절대로 잊어서는 안 된다는 사실이다. 타깃에게 각인시켜야 한다.

'이름'을 알리지 못하면, 그대는 다만 하나의 몸짓에 지나지 않는다.

의심 ❸ 에이~ 그건 잘난 사람들 얘기고!

"여러분, 공을 잡고 손을 쭉 뻗어 골대에 집어넣으면 그게 '덩크'입니다."라고 서장훈(키 207cm)이 말했다고 가정해보자. 당신은 팔만 뻗어서 '덩크'를 할 수 있을까?

당신의 셀프 소개로 누군지는 알았다. 그런데 갑자기 당신이 강남에 빌딩 3채와 강원도에 별채도 있고 심지어 2021 포르쉐 911 터보 카브리올레를 보여주며 "여러분도 열심히 노력하면 저처럼 살 수 있다."라고 하면 믿겠는가? 당신은 재벌 2세인데.

그런 식으로 공감 1도 없이 자랑하며 지껄이다가 간다. 골로.

대신, NBA 최단신 스퍼드 웹(키 167cm)이 덩크 하며,

"야, 너도 덩크 할 수 있어!"라고 한다면?

의심 ❹ 내가 널 어떻게 믿지?

아내가 36개월 아들에게 항상 강조하는 말이 있다.

"아들~ 절대로 까까 사준다고 모르는 사람 따라가면 안 돼! 아무나 믿으면 안 돼!"

우리는 어려서부터 모르는 사람을 경계하고, 어떤 유혹에도 함부로 믿으면 안 된다는 믿음을 강요받고 자랐다. 그래서일까. 부모와 자식 간에도 보증은 서지 않고, 아내도 '내가 술 먹고 일찍 들어간다.'라는 말을 절대 믿지 않는다.

혹해서 클릭하고, 보게 되는 광고 글도 당신의 전문성을 제대로 어필하지 못하면 가차 없이 날아간다.

당신이 믿을 만한 사람이라는 걸 어떻게 증명할 수 있을까?

의심 ❺ "오빠는 모른단다."

지구상에 가장 어려운 문제 3가지가 있다.

① 엄마가 좋아? 아빠가 좋아?

② 오늘 뭐 먹지?

③ 오빠가 뭘 잘못했는지 모르겠어?

그렇다. 모든 오빠는 자기가 '뭘 잘못했는지', '뭐가 문제인지' 모른다.

당신의 타깃도 스스로 '어떤 심각한 문제를 가졌는지 몰라서 못 산다.'라는 말이다. 문제도 모르는데 당신의 해결책(솔루션)이 눈에 들어오겠는가? 잠재고객의 문제를 하나하나 알려주지 못하고, 심각성을 깨닫게 해주지 못하면 다음 허들로 넘어가지 못하는 문제가 발생한다.

의심 ❻ 해결 방법은 더더욱 모르지!

우리 엄마는 36년째 다이어트 중이다.

지구상에 밝혀진 다이어트 방법을 모두 섭렵하고, 실제 본인이 몸소 체험하며 보여주고 있다. 그 방법들이 모두 틀렸다는 사실을.

우리가 살을 빼는 방법과 돈을 버는 방법을 몰라서 뚱뚱하고 가난한 건 아니다. 문제점을 알아도 그 솔루션을 알아도 못하는 게 인간이다. 그래서 문제점에 대한 확실하고 신선한 해결책이 아니면, 절대 타깃은 움직이지 않는다. 요즘 엄마들은 웬만한 다이어트 방법에는 눈길조차 안 준다는 걸 잊어선 안 된다.

의심 ❼ 왜 하필, 꼭 이걸 사야 할까?

"내가 다른 건 잘 모르겠고, 하루에 한 번은 꼭 웃게 해줄게. 그거 알아? 5분을 웃으면 5초를 더 살 수 있대. 내가 너의 수명까지 책임지겠다는 말이지."

당시 26세 꽃다운 나이의 그녀와 결혼하기 위해 나름 차별화를 둔 전략이었다. 덕분에 그녀는 나 만나서 7년째 5초 더 살자고, 매일 5분씩 낭비(?) 중이다.

어설프게 제품의 스펙이나 가성비, 콘텐츠의 장점으로만 덤벼들었다간 씨알도 안 먹힌다.

고객의 눈에 '누구보다 빠르거나 남들과는 달라야!' 산다.

의심 ❽ 됐고, 내가 그 상품(콘텐츠)을 어떻게 믿지?

광고를 클릭해 보며 판매자를 알게 되고, 공감하며 전문성도 확인했다. 내가 가진 문제에 대해 경악했으며, 그 해결책 또한 도움이 될 거 같다. 그리고 유일한 제품이라는 것도 마음에 든다.

그런데 갑자기 마음 한편에서 '이거, 덜컥 샀다가 나만 호구되는 거 아닐까?' 하는 불안감이 스멀스멀 올라오기 시작한다.

'진짜 부작용 없이 효과를 믿을 만한가?'

'다른 구매자들의 평가(후기)는 어떨까?'

'유명 대기업 브랜드인가?'

'안전성은 검증이 됐나?'

'몇 명이나 구매했을까?'

끊임없이 튀어나오는 고민과 의구심을 말끔하게 날려줄 증거를 못 대면, 여기서 나가리!

의심 ❾ 난 좋은 거 같은데… 아내가, 남편이, 엄마가 허락할까?

"유부남들이여, 허락보다 용서가 쉽다."

-플레이스테이션

"너무 좋은데, 생각해 보고 다음에 연락드릴게요."

저 말을 듣고, 이후에 연락받은 적 있는가? (나는 있다). 현실은 어떤가. 99%는 없다. 저런 멘트는 다 핑계다. 정확하게 말하면 전부 '거절'이다. 대부분 판매자가 심리적 허들을 잘 넘어오다가도 여기서 90%가 무너진다.

사실 정신 못 차릴 만큼 너무 좋으면, 앞뒤 생각하지 않고 일단 지르고 보는 게 인간의 본능이다. 참고로 나는 BMW 차량을 혼자 계약한 다음에 아내에게 "차를 바꾸는 게 어떨까? 내가 봐둔 차가 있는데."라고 말했다.

하마터면 가족관계증명서에서 '배우자'가 없어질 뻔했다.

의심 ⑩ 이게 과연 잘하는 짓일까?

"죄송한데 다시 생각해 보니까, 아닌 거 같아서요. 환불을 좀…"

와… 이런 제길. 다 팔았는데 나중에 환불해달라니!

물론 환불 조건의 명시와 이행은 당연하다. 하지만 실컷 생고생해서 팔았는데 사자마자 환불해달라고 하면 얼마나 힘 빠지는 일인가. 게다가 안 해줄 수도 없는 노릇이고.

제품이나 서비스의 구매 후에도 타깃의 고민은 계속된다. 방심하면 안 된다. 고객(타깃)이 구매 후에도 '자신의 선택이 틀리지 않았고', '탁월

한 선택일 수밖에 없었다'라는 확신을 주지 못하면 지금까지 고생한 모든 것이 다 물거품이 된다.

당신의 상품이 팔리지 않는 이유는 바로,
위 10단계의 보이지 않는 심리적 허들(망설임 문턱)을 모두 넘지 못했기 때문이다.

다행인 건 지금이라도 이 사실을 알게 됐다는 점이고, 놀라운 사실은 아직도 책의 '서론'이라는 사실이다. 그런데도 당신은 연신 고개를 끄덕이며 웃다가 감동하다가 같이 화내다가 여기까지 쉬지 않고 쭉 읽고 있다. (수업 시간에 몰래 도시락 까먹다 걸린 사람처럼 놀라지 말고) 지금부터 저 빌어먹을 10단계의 벽(허들)을 넘어보자.

아니, 넘기도 귀찮다. 분노한 헐크처럼 그냥 다 부숴버리자!

10가지 벽을 부숴버리는 10단계 공식 맛보기

와디즈에서 20억 원이 넘는 펀딩으로 목표금액 40,466% 달성한 노트북 상세페이지를 살펴보자.

베이직북14: 대기업 노트북과 비교해보세요, 20만 원대 파격 울트라북!

Basics는 Basic rights를 뜻하는 브랜드 네임입니다.

언젠가부터 생활필수품이 된 제품들을 부담 없는 가격에 좋은 품질로 제공하여 가격의 상식을 뒤엎고, 새로운 기준을 제시하고자 합니다.

'베이직북14'는 가성비가 좋은 노트북입니다.

누구에게나 완벽한 제품은 아닙니다. 누군가에게는 꼭 필요한 기능만 꾹꾹 눌러 담은 만족스러운 제품일 수도, 누군가에게는 그렇지 않은 제품일 수도 있습니다.

제작 과정에서 가장 어려운 부분 중 하나가 바로 무게였습니다.

배터리 크기, 프레임 재질 등 모든 요소를 검토하여 최적의 무게를 만들었습니다. 1.38kg의 가벼움은 베이직북14의 사용성을 더욱더 높여줍니다.

노트북 가격을 형성하는 요소는 마케팅과 유통 과정입니다. 베이직북14는 노트북이 소비자에게 전달되기까지 불필요한 과정들을 삭제했습니다. 중간 유통 과정, 연예인 마케팅 등, 비용을 줄일 수 있는 부분은 최소화하고 온라인으로 소비자와 직접 거래하는 방식과 최소한의 마케팅 구조로 합리적인 가격을 만들었습니다.

노트북은 조립 제품이고 생각보다 비싼 제품이 아닙니다.

잘 알려져 있다시피 노트북의 주요 부품들은 제조사가 따로 있습니다. 우리에게 비교적 익숙한 데스크탑 PC 조립처럼 노트북도 조립이 가능한 제품입니다. 노트북은 Intel®, AMD 등 부품 전문 제조업체에서 만드는 CPU와 RAM, 메인보드, 저장장치 등을 조립한 제품입니다. 즉, 원하는 부품을 원하는 기능만큼만 조립할 수 있다면 노트북은 생각보다 비싸지 않을 수 있습니다.

14인치 노트북에서 빠질 수 없는 부분이 바로 해상도입니다.

간혹 TN패널이나 HD해상도의 노트북을 보면 답답하기 그지없죠. 베이직북14는 어느 각도에서나 생생한 컬러를 표현할 수 있도록 IPS 디스플레이를 선택했습니다. IPS 디스플레이는 상하좌우 보는 위치에 따른 색상 왜곡이 거의 없어, 1920×1080 해상도의 FullHD 화질로 실제와 가장 가까운 컬러를 표현할 수 있습니다.

베이직북14는 5GHz 와이파이를 지원합니다.

802.11 a/b/g/n/ac 규격을 사용할 수 있어 2.4GHz를 사용할 때보다 훨씬 더 빠른 속도를 느낄 수 있습니다. 5GHz는 2.4GHz 대비 최대 2~3배 더 빠른 속도를 자랑합니다.

38Wh의 넉넉한 리튬 배터리에 저전력 CPU를 사용하여 사용시간을 획기적으로 늘렸습니다. 베이직북14는 전력 소모를 최소화하여 용량 대비 더 많은 시간을 사용할 수 있도록 설계되었습니다.

베이직북14는 윈도우10 Home 버전이 포함되어 있습니다.

OS 설치 추가 비용 없이 기본 설치이며 추가 설정 없이 바로 사용할 수 있습니다. Microsoft의 정품 서비스와 업데이트를 맘껏 누려보세요.

베이직북14는 양산형 케이스 중 가장 좋은 품질과 디자인을 엄선하여 사용했습니다.

시중에 출시된 양산형 케이스와 기본 형태는 비슷하지만, 색상과 재질, 마감 등 디테일에서 차이를 만들어 냈습니다. 여기에 Intel®로부터 공급받은 CPU를 탑재하여 가격과 품질을 모두 잡을 수 있었습니다.

3867U는 2019년 1분기에 출시된 인텔 8세대 카비레이크 CPU로, 최근 울트라북 시리즈에 많이 사용되는 CPU 중 하나입니다. Ultra Low Voltage로, 전력 소모를 최소한으로 억제한 저전력 제품입니다. 소비전력이 적어서 배터리 유지 시간이 우수합니다.

펀딩 성공 40,466% 달성, 2,023,334,000원 펀딩, 6,178명의 서포터즈가 선택하고 펀딩한 노트북입니다. 1,691개의 생생한 후기를 확인해 보세요. (https://www.wadiz.kr/web/campaign/detail/qa/29032)

얼리버드 할인 혜택 〈제한 수량 3,000개〉
'베이직북14 eMMC 32GB RAM 4GB'
가격 혜택 14%: 258,000원

전자기기의 기본은 사후관리가 아닐까요?
베이직북14는 빠르고 정확한 애프터서비스를 제공하기 위해 노력합니다.
제품 수령 후 1년 이내에 기기 결함으로 인한 문제가 발생 시, 리퍼 제품으로 무상 교환해드립니다.

교묘하게 10개의 심리적 허들(망설임 문턱)을 모두 넘어가는 게 보이는가?

아직 안 보여도 괜찮다. 이제부터 본격적으로 10가지 단계를 하나하나 떼어서 보여줄 테니까. 그리고 상품의 실제 상세페이지(판매 글) 분량은 일반적으로 10문장이 훨씬 넘는다.

하. 지. 만

내가 '10문장'을 강조하는 이유는 '간결함'이다. 하고 싶은 말이나 전달하고자 하는 메시지를 단 1문장으로 줄일 수 있다면 간단하면서도 짜임새 있는 글이 된다.

컴퓨터 부팅 시간과 글은 짧을수록 좋다.

내가 '10문장'을 강조하는 또 다른 이유는 단계별로 1문장씩 총 10번만 써놓으면, 이후 분량을 늘리는 건 아무것도 아니기 때문이다. 결국, 중요한 건 인간의 구매 심리를 자극하는 총 10단계의 '글쓰기 순서'다.

*이 책 〈부록〉의 [사례 5- '베이직북14' 편]에서 총정리

LESSON 2

유혹의 시작

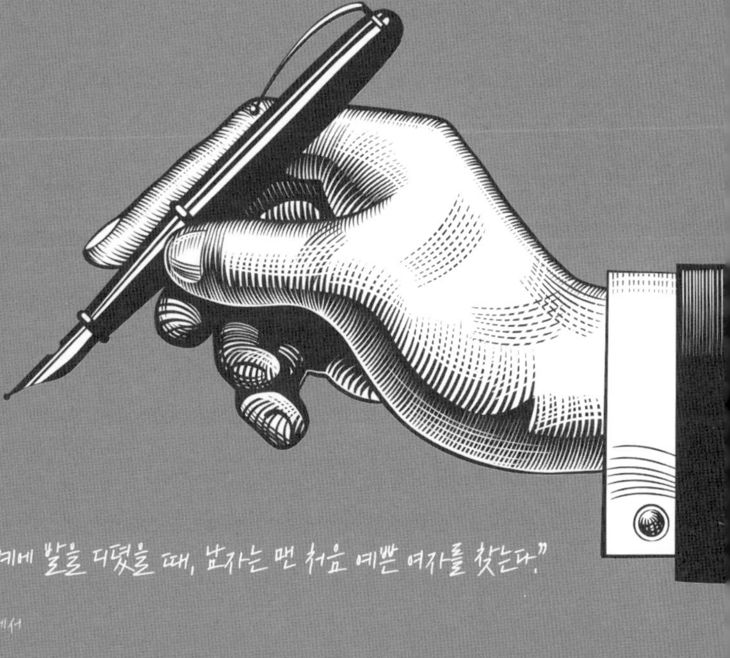

"새로운 조직세계에 발을 디뎠을 때, 남자는 맨 처음 예쁜 여자를 찾는다."

—영화 〈스물〉 중에서

비행기는 운항 중 언제 '가장 많은 연료를 소모'할까?

코로나바이러스가 세상에 나오기 전, '명강사'라고 불리는 강사님의 강의를 맨 앞자리에서 듣게 된 적이 있었다. 오프닝 때 갑자기 "비행기가 운항 중 언제 가장 많은 연료를 소모하는지 아시나요?"라며 질문을 했다. 나는 속으로 '비행기는 셀프주유를 안 해봐서 모른다.'라고 해야 하나, '혹시 난센스인가?' 하는 혼자만의 고민에 빠져있는 찰나, 다행히도 주변 청중 중에서 답이 나와줬고 강의는 자연스럽게 이어졌다.

정답은 바로, '이륙'할 때이다.

이륙할 때 전체 연료의 50% 이상을 소모한다. 왜?

만약, 비행기가 서울에서 뉴욕으로 갈 때 총 10드럼의 연료를 사용한다고 가정하면, 그중에서 5드럼 이상의 연료를 이륙할 때 사용한다는 것이다. 이륙 시, 모든 엔진은 중력을 극복하기 위해 최대한으로 가동이 되며, 그 힘으로 비행기가 하늘로 높이 날아오를 수 있게 된다. 그리고 일단 이륙에 성공하면 목적지까지는 비교적 적은 연료를 소모하며 순항할 수 있다.

세일즈·마케팅 등 모든 비즈니스 글도 마찬가지다.

처음(제목, 표지, 섬네일 등)에 당신의 '시간과 에너지'를 50% 이상 쏟아부어야 한다. 그래야 뒤에 이어질 글(본격적인 메시지)이 타깃에게 읽힌다. 끝까지 읽혀야 구매라는 최종 목적지까지 순항할 수 있다.

카피라이팅? 클릭을 부르는 글쓰기? 유혹하는 글쓰기? 마케팅·세일즈 글쓰기? 설득하는 글쓰기? 논리적 글쓰기? 실용 글쓰기? 창의적 글쓰기? 하버드 글쓰기? 대통령의 글쓰기? 그리고 돈이 되는 글쓰기?

다 똑같다. 별거 없다.

딱 '두 가지'만 기억하면 된다.

첫째, 일단 한 문장을 쓴다.

구슬이 서 말이라도 꿰어야 보배고, 로또도 일단 천 원어치라도 사 와서 하나님께 기도해야 할 거 아닌가.

둘째는 이 책의 마지막 페이지에서 공개하겠다.

1단계: 파리지옥으로의 초대 〈제목 뽑는 공식〉

❶ 일단 드루와~! 파리지옥의 꽃말은 '○○'이다

"배고파. 파. 파리지옥! 맛있는 향기를 풍겨야지~ 파. 파. 파리지옥!"

아들이 한때 하루에 5번씩 챙겨 듣던 〈벌레잡이식물송〉 가사 일부다.

그런데 그거 아는가? 이 파리지옥 식물의 꽃말이 '유혹'이라는 사실을.

파리가 들으면 기겁할 그 이름, 파리지옥. 특유의 유인 냄새를 뿌려 파리(먹잇감)가 덫으로 들어오게 한다. 그러면 3개의 자극털(감각모)을 2번 건드리거나 자극털 세 개 중 2개 이상을 건드리면 즉시 덫을 닫는다. 사냥 끝이다. 이후 7~10일 동안 완전히 소화한다.

유혹이라는 꽃말을 지닌 '파리지옥'처럼 당신의 글, 특히 '제목'은 유인 냄새, 색깔, 액체 등 유혹할 수 있는 무언가를 제대로 풍겨야 한다. 일단 파리든 벌레든 뭐라도 들어와야 자극털을 건들고 문을 닫아서 잡아먹을 수가 있을 거 아닌가.

❷ 제목은 '리어카'다

끌어야 산다.

주목, 이목, 관심, 시선, 사람, 돈, 건강, 인간관계를 끌어당겨야 한다.

제목은 크게 '4가지 기능'을 한다.

- 주목, 관심, 시선 등을 끈다.
- 첫인상을 결정한다.
- 본문에 집중하고 몰입하게 한다.
- '클릭할지 말지' 의사결정을 하게 한다.

흔하게 접할 수 있는 광고성 글의 제목은 각기 다른 콘텐츠를 팔지만, 잘 살펴보면 기본적으로 깔린 형식은 비슷한 성향을 지닌다. 그러면 유혹되지 않는다. 알면서도 클릭을 할 수밖에 없는 이른바 필수불가결의 요소가 제목 속에 녹아 있어야 제대로 유혹의 시작이 된다는 말이다.

❸ 먹히는 욕구는 따로 있다

당신을 포함한 인간을 정신 못 차리게 만드는 욕구는 3가지가 있다. 생존에 필요한 '식욕', '수면욕' 그리고 번식을 위한 '성욕'이다. 마찬가지로 인간이라면 욕하면서도 클릭할 수밖에 없는 제목이 있다. 그 제목들은 크게 3가지 주제로 나뉜다. 바로, '돈', '건강', '인간관계'다.

• 돈 버는 방법

당신은 지금 이걸 왜 읽고 있다고 생각하는가? 그렇다.

돈을 번다는 건 이익(+)을 만들어 낸다는 의미다. 크게 '2가지'다.

하나는 수익을 늘리는 방법, 다른 하나는 지출을 줄이는 방법이다.

예를 들어보자.

수익을 늘리는 방법

- 하루 1시간 투자로 월 1,000만 원 버는 마케팅 자동화 시스템.
- 2021년 묻어두면 30배 오르는 '황금주'는?
- 1달 전 평범한 주부였던 나는 가상화폐로 1달 만에 3억 벌었다.
- 그대로 따라 하면 하루 10만 원 버는 주식투자의 원칙 7가지.
- 부업으로 집에서 월 200만 원 버는 가장 확실한 방법.
- 블로그 개설 2주 만에 150만 원의 수익을 낸 〈블로그마케팅 비법서〉를 선착순 100분께 무료로 드립니다.
- 애드센스 누적수익 2억 5천만 마케터의 오토수익 방법 최초 공개.
- 단 7일 만에 300명이 신청한 온라인 ○○○ 마케팅의 바이블.
- 18년 차 '기업교육 강사'가 알려주는 '기업에 보냈다 하면, 100% 연락이 오게 만드는 〈강의 제안서〉 작성 5가지 법칙.'

- 말 한마디로 5,000만 원을 벌 수 있었던 특급 비밀을 공개합니다.
- 창업 3개월 만에 상품 2개로 월 1,000만 원 버는 방법.

지출을 줄이는 방법

- 합법적으로 세금 안 내는 11가지 방법.
- 아까운 출간 비용을 60% 절감하는 출간 마케팅 9가지 단계.
- 지금 당장 ㅇㅇ하지 않으면, 매일 하루에 1만 원씩 손해 봅니다.
- 돈 새는 구멍 막는 똑똑한 재테크 지출 관리법[의, 식, 주 Ver.]
- 치과에서 절대 안 알려주는 보험 적용되는 치과 치료법 A to Z.
- 비갱신어린이보험, 부담스러운 당신의 보험료 OO으로 해결하세요!
- 실패하지 않는 사업계획서 쉽게 작성하는 원칙 5가지.
- 주식투자에 절대 실패하지 않는 15가지 전략을 알려드립니다.

• 건강을 얻는 방법

인간의 평균 수명이 꾸준히 높아지고 있다. 코로나19로 잠시 주춤할 순 있으나, 여전히 기대수명은 늘고 있는 것이 사실이다. 2021년 1월 15일에 태어난 둘째 조카는 기대수명이 84세이다. 만약, 딸이었다면 평균적으로 6년 더 살 수 있었겠지만.

당신은 지금 내 둘째 조카(아들) 걱정할 때가 아니다. 우리의 기대수명 증가가 걱정이 아닌 기대가 될 수 있도록 유혹해야 먹힌다. 다시 말해 건강하게 오래 사는 것에 관한 관심과 욕구가 들어간 제목은 클릭을 부르는 필수불가결의 요소다.

예를 들어보자.

- 의사에게 살해당하지 않는 47가지 방법.
- 어느 날 갑자기 공황이 찾아왔다.
- 서울대학교 암연구소의 임상시험자료로 입증된 암 예방법 13가지.
- 돈 없이도 건강하게 오래 사는 저녁습관 단 한 가지 비밀! '저녁에는 꼭 이 한 가지를 하세요!'
- 〈집밥의 함정〉 안심하고 먹었던 우리 '집밥', 그것이 문제다.
- 혈관 건강을 위해 꼭 피해야 할 최악의 기름은 바로 이것.
- 전문가가 말하는, 건강해지려면 운동보다 '이것'을 먼저 해라.
- 매일 먹는 ○○이 엄청난 노화를 부른다!

• 사람을 얻는 방법: 인간관계를 잘하는 방법

"직장인 10명 중 8명은 일보다 ○○ 때문에 회사를 그만두는 것으로 밝혀져 충격!"

취업포털 사람인이 최근 직장인 379명을 대상으로 '일과 직장 내 인간관계'에 대해 설문 조사한 결과 81%가 일보다 '사람' 때문에 퇴사를 결심한다고 답했다. 인간관계 스트레스(71.8%)가 업무 관련 스트레스(28.2%)보다 훨씬 심하다는 증거다.

그 스트레스를 풀어주겠다는데, 클릭하지 않겠는가?

예를 들어보자.

- 침 뱉고 싶은 사람이 있다면 꼭 보세요.
- 말 진짜 잘하는 사람이 공통으로 무조건 지키는 '7가지 대화법.'
- 사회에서 적을 만들지 않는 꿀팁을 알려드립니다.
- 50대가 되면 인간관계가 좁아질 수밖에 없는 이유.
- 오랫동안 인간관계 잘하며 사랑받는 사람이 되는 노하우 TOP 6.
- 내가 피곤한 건 너 때문입니다.
- 미움받을 용기.
- 직장에서 인간관계 때문에 고민인 당신을 위한 처세술의 비밀.
- 내 남자가 나에게 프러포즈를 하지 않는다면?
- 회사생활을 오래 유지하게 만드는 실생활 클래식 음악 활용법.

❹ 클릭을 부르는 <제목 공식 BEST 5>

자, 위 사례들을 '5가지 공식'에 맞춰 다시 구분해서 나열해보겠다.

• 첫째, 이익을 제시

→ 됐고, 그래서 나한테 얼마나 떨어지는데? 그럼 혹시 나도?

- 하루 1시간 투자로 월 1,000만 원 버는 마케팅 자동화 시스템.
- 한 달 전 평범한 주부였던 나는 가상화폐로 1달 만에 3억 벌었다.
- 그대로 따라 하면 하루 10만 원 버는 주식투자의 원칙 7가지.
- 블로그 개설 2주 만에 150만 원의 수익을 낸 〈블로그마케팅 비법

서〉를 선착순 100분께 무료로 드립니다.

- 아까운 출간 비용을 60% 절감하는 출간 마케팅 9가지 단계.

• 둘째, 호기심 유발

→ 왜 저딴 소리를 하고 있지? 의문과 호기심 자극

- 2021년 묻어두면 30배 오르는 '황금주'는?
- 18년 차 '기업교육 강사'가 알려주는 '기업에 보냈다 하면, 100% 연락이 오게 만드는 〈강의 제안서〉 작성 5가지 법칙'.
- 합법적으로 세금 안 내는 11가지 방법.
- 의사에게 살해당하지 않는 47가지 방법.
- 어느 날 갑자기 공황이 찾아왔다.
- 돈 없이도 건강하게 오래 사는 저녁습관 단 한 가지 비밀 '저녁에는 꼭 이 한 가지를 하세요!'
- 매일 먹는 ○○이 엄청난 노화를 부른다!
- 50대가 되면 인간관계가 좁아질 수밖에 없는 이유.

PS. 송가인 반전 몸매 "옷 벗으니 대단!"

(인터넷 기사가 이런 제목은 가장 잘 뽑는다.)

• 셋째, 숫자를 포함(+사회적 증거)

→ 객관적인 '데이터(숫자)'를 대놓고 보여주면 쉽게 믿는다.

- 애드센스 누적수익 2억 5,000만 마케터의 오토수익 방법 최초 공개.
- 단 7일 만에 300명이 신청한 온라인 ○○○ 마케팅의 바이블.
- 주식투자에 절대 실패하지 않는 15가지 전략을 알려드립니다.
- 말 진짜 잘하는 사람이 공통으로 무조건 지키는 '7가지 대화법.'
- 오랫동안 인간관계 잘하며 사랑받는 사람이 되는 노하우 TOP 6.

• 넷째, 공감을 자극

→ 누가 내 얘기를 하면 무조건 듣게 된다. 본능적으로.

- 침 뱉고 싶은 사람이 있다면 꼭 보세요.
- 돈 새는 구멍 막는 똑똑한 재테크 지출 관리법[의, 식, 주 Ver.]
- 비갱신어린이보험, 부담스러운 당신의 보험료 ○○으로 해결하세요!
- 〈집밥의 함정〉 안심하고 먹었던 우리 '집밥', 그것이 문제다.
- 사회에서 적을 만들지 않는 꿀팁을 알려드립니다.
- 내가 피곤한 건 너 때문입니다.
- 직장에서 인간관계 때문에 고민인 당신을 위한 처세술의 비밀.
- 내 남자가 나에게 프러포즈를 하지 않는다면?

• 다섯째, 필요성 강조(+전문가의 권위)

→ 긁어 부스럼 만들기 전략. 없던 욕구도 자극하라. '전문가'가 하래!

- 지금 당장 ○○하지 않으면, 매일 하루에 1만 원씩 손해 봅니다.

- 치과에서 절대 안 알려주는 보험 적용되는 치과 치료법 A to Z.
- 서울대학교 암연구소의 임상시험자료로 입증된 암 예방법 13가지.
- 혈관 건강을 위해 꼭 피해야 할 최악의 기름은 바로 이것.
- 전문가가 말하는, 건강해지려면 운동보다 '이것'을 먼저 해라.
- [합격일 때 면접관이 보내는 시그널] 면접관이 밝히는 '뽑고 싶었던' 지원자에게 했던 행동 TOP 3.
- 회사생활을 오래 유지하게 만드는 실생활 클래식 음악 활용법.

위에서 제시한 〈제목 공식 5가지 샘플〉에 맞춰 단어, 조사 및 숫자만 자신의 상황에 맞게 살짝만 바꿔서 그대로 써먹으면 된다.

혹시 자기 딴에 더 멋있게, 개성 있게, 화려하게, 매력적으로 유혹하려고 노력하지 말 것. 세발. 내가 장담하는데 위 샘플에서 제시된 제목 틀 안에서 글자만 바꾸는 것이 무조건, 100% 현명한 선택이다.

❺ 막장 드라마는 결과가 뻔하지만 계속 본다

막장 드라마의 결과는 항상 정해져 있다. 나쁜 놈이 벌 받고, 좋은 놈이 복 받고, 이상한 놈이 대접받는다.

막장 드라마엔 필수 법칙이 있다. 권선징악의 구도, 주인공 중심의 독한 전개, 복수는 무조건 살벌하게, 공감 가는 대상은 필수다. 그리고 크고 작은 수많은 사건이 나오지만, 해결은 일사천리다.

'제목'도 그래야 한다.

충분히 예상되는 결과는 해피엔딩. 보통 상식으로 상상할 수도, 이해할 수도 없는 이야기를 다루지만 타깃의 이야기일 수도 있다. 철저하게 타깃 중심으로 전개함으로써 공감을 준다. 결정적으로 수많은 문제를 제기하지만, 해결은 한 방에!

자, 이 책의 '제목 후보'들로 제목 뽑는 공식을 살펴보자.

〈딱 10문장으로 내 잠재고객을 설득하는 글쓰기〉

→ 수량: 단 10문장.

→ 타깃: 누군가를 설득해야만 하는 모든 판매자, 소상공인 등.

→ 이익: 팔린다.

됐고,

〈딱 (숫자 포함)으로 (타깃) 사람을 (핵심)하는 (상품/콘텐츠)〉

빈칸만 본인의 상황에 맞게 알아서 채워 넣으면 '제목'은 끝.

▶ 응용 버전

〈'8문장' 만으로 '세일즈 글쓰기'의 고민을 확 날려드립니다!〉

→ 수량: 단 8문장.

→ 타깃: 뭐든 팔아야 하는 영업사원, 자영업자 등

→ 이익: 거절X, 좌절X, 글쓰기 고민 끝!

〈(숫자 포함)만으로 (콘텐츠 핵심)의 고민을 확 날려드립니다!〉

빈칸만 본인의 상황에 맞게 알아서 채워 넣으면 '세일즈 제목'은 끝.

자, 이제부터 제목 쓴답시고 멋있는 말 찾고, 앞뒤로 숫자 등 넣었다 뺐다 하는 식의 의미 없는 시간 낭비는 집어치우자.

그냥, (빈칸)만 채울 것!

클릭을 부르는 제목 공식 5가지 '핵심 요소'

- 타깃이 얻을 수 있는 (경제적) 이익
- 알고 싶어 안달나게 만드는 호기심
- 보고 믿을 수밖에 없게 만드는 숫자
- 나도 그래, 토닥토닥 공감
- 없던 욕구도 만들어 낼 필요성

※주의※

제목은 섹시한데

내용이 시시하면

곧바로 무시당함.

왜 약장수들은 처음부터 "애들은 가!"라고 할까?

애들은 가라~ 애들은 가!

저기 눈이 말똥말똥한 애들은 무서운 독사를 보면 꿈에 나타나.

애들은 가라~ 애들은 집에 가!

→ 알고 싶어 안달나게 만드는 호기심

여기엔 숨겨진 2가지 전략이 있다.

① 타깃 세팅

② 타깃 중심의 호기심 유발

우선 돈 안 되는 고객은 믿고 거른다.

36개월 된 아들과 마트에서 장을 보고 있는데 갑자기 '자연의 부름(The call of nature: 대소변이 마렵다)'을 받았다. 부름에 재빨리 응답하고 있던 그때, 화장실 밖에서 아들의 목소리가 뚜렷하게 들려왔다. 그날따라 유난히 발음도 좋고, 쩌렁쩌렁 울렸다. '아빠 어디 갔냐'는 아내의 물음에, 그 녀석은 마트의 중심에서 이렇게 외치고 있었다.

"아빠, 똥 싸러 갔어!"

보통 애들은 매출을 끌어올리는 데 도움은커녕 방해가 되기 일쑤다. “엄마한테 물어봐야 해요!”, “우리 엄마가 그런 거 사지 말랬어요!” 초반에 아이스 브레이킹 하다가 장사까지 브레이크가 걸릴 위험인자들은 미리 제거해야 한다. 심지어 연로하신 부모님들이 아파서 약 좀 사겠다는데, 돈을 보태주진 못할망정 ‘왜 그런 걸 사느냐’며 구매를 대놓고 막는다.

모든 소비자가 내 상품을 구매할 잠재고객이 아니다. 애초에 구매 가능성이 없는 고객은 뒤도 돌아보지 않고 거르는 게 답이다.

애들 보내고 뭐 하려고? 특정 고객군을 위한 호기심을 자극한다.

자, 애들을 다 보내면 누가 남겠는가? 그렇다. 어른들(진짜 잠재고객)만 남는다. 그렇게 추려진 어른들만 볼 수 있고, 누릴 수 있는 뭔가 특별한 것(혜택)이 있음을 암시한다. 물론 초반에 그렇게 모인 사람들은 약장수의 상품(약)이 뭔지도 모를뿐더러, 구매의욕도 아직까진 전혀 없다. 그러나 약장수는 그 사실을 알면서도 “애들은 가라”고 크게 소리치는 이유는 무엇일까?

그렇게 고함침으로써 청중(잠재고객)에게 미묘한 호기심과 기대감을 유발, 그 자리에서 바로 떠나지 못하게 발목 잡는 효과를 노리는 것이다.

자~ 날이면 날마다 오는 것이 아녀!

그렇다고 달이면 달마다 오는 것도 아녀!

→ 없던 욕구도 만들어 낼 필요성 강조

신사 숙녀 여러분덜~

아주머니, 아저씨, 시집 못 간 처녀 아가씨

부끄러워 말고 다들 이리 가까이 와 봐!

→ 공감 자극

내가 오늘 여기 있는 여러분덜께만 특별한 것을 공개하겠단 말여.

→ 알고 싶어 안달나게 만드는 호기심 유발

그러니까 잘 들어, 잘 들어서 남 주는 것 아녀.

→ 타깃이 얻을 수 있는 이익 암시

2단계: '7글자'의 마법
<네이밍 세팅 공식>

❶ 이름은 알려줘야지?

안녕하세요. 유난히 부드러운 남자 (2초 쉬고) 유.부.남 '이용만'입니다. 사실 유부남이라고 하기엔 제가 너무 동안입니다. 키가.

여러분, 영화배우 유아인 아시나요? "어이가 없네"라는 유명한 대사를 했던 주인공이죠. 와 그러고 보니 제가 아인이랑 벌써 햇수로 36년째, (2초 쉬고) '동갑'입니다.

- 이용만, '첫 만남에 이름, 나이를 밝히는 가장 위트 있는 방법' 중에서.

❷ 친구 따라 강남 가고, 이름 따라 인생 간다

2002년 7월 21일부터 2005년 4월 17일까지 MBC에서 방영했던 〈브레인 서바이버〉라는 퀴즈 프로그램이 있었다. 2002년 한·일 월

드컵만큼이나 뜨거웠고 주말 최고 예능 프로그램으로 군림했다. MC는 당시 원조 국민MC였던 김용만이었다. 단연 인기 있었던 코너는 MC 이름을 딴 '떡 먹은 용만이'를 찾는 퀴즈였다. 똑같이 생긴 4명의 용만이가 나와 그중 한 명이 떡을 먹은 후, 4명이 동시에 좌우로 움직인다. 그러고서 어느 순간 멈춘 뒤, 떡을 먹었던 1명의 용만이를 찾는 게임이다.

내 이름은 '이용만'이다. 〈브레인 서바이버〉가 시작할 당시 난 고등학생이었다. 그렇다면 내 별명은 무엇이었을까?

그렇다. 이쯤 되면 당신도 눈치를 챘을 테다. 바로 '떡 먹은 용만이', '떡 먹는 용만이'다. 이후 2005년에 대학 OT에 갔을 땐, 내 별명은 무엇이었을까? 당신이 상상하는 그대로다.

어쩌다 보니 내 이름 앞에 '떡'이라는 수식어가 꼬리표처럼 따라다녔다. 참고로 나는 떡을 싫어한다. 불행 중 다행인 건 처음 보는 사람들에게 단 한 번에 나를 확실하게 각인시키는 효과는 상당히 뛰어났다는 것이다. 다만, 난 성이 '이'인데 심심찮게 '김'이라고 불리는 성희롱을 감수해야만 했다.

떡 먹은 용만이, 12년 후 결국….

이름이 중요하고, 사람이 진짜 이름 따라간다는 걸 몸소 체험하게 되었다. 그동안 숱하게 들었던 떡 먹는 용만이가 진짜 원 없이 떡 먹게 생긴 것이다. 그 이유는 바로 우리 장모님이 한자리에서 33년째 떡집을 하시고, 나는 그 떡집 사위가 되었기 때문이다. 덕분에 별로 알고 싶지 않았던 수많은 떡 종류를 비롯해 떡 만드는 방법 및 가격, 포장, 판매까지 알 수 있었다. 그나마 다행인 건 내가 방앗간에서 몇 번 일하는 걸 장모님이 보시더니, 가업(떡집)을 물려주실 생각을 완전히 접으셨다는 점이다. 그저 감사할 따름이다.

그 누구도 원치 않아 그럴 일은 100% 없겠지만, 그냥 가게 상호만 생각해봤다.

〈떡 파는 용만이〉

떡을 팔든 뭘 팔든 당신에게도 이름 앞에 수식어가 필요하다.

멋있고 화려하면서 매력적인 이름을 짓자는 건 아니니까 겁부터 먹을 필요는 없다. 알다시피 나는 떡부터 먹었다. 각설하고, 초반에는 내가 누군지를 반드시 먼저 알려야 한다. 짧은 시간, 한 문장 안에 내가 하는 일이나 비전 등을 제시함으로써 전문성을 각인시키는 것이 핵심이다.

❸ 처음 만나는 사람과 악수를 하는 이유

악수는 원시시대 수렵 생활을 할 때부터 출발했다는 유래와, 중세 유럽에서 르네상스 시대로 접어들기 전 전쟁통에 시작했다는 말이 있다. 어쨌든 중요한 건 악수를 시작한 이유다. 바로, '내 손에 무기가 없다.'라는 것을 보여주기 위한 몸짓(증명)이라는 것이다. 쉽게 말하면 무장해제를 의미한다. 미국 드라마 〈스파르타쿠스〉에는 팔뚝 전체를 감싸는 로마식 악수의 모습이 나온다. 팔에 무기를 감추지 않았다는 것을 증명하기 위함을 단적으로 드러내는 장면이다.

악수하는 또 다른 이유는 호감도에 있다. 악수할 때 인간관계가 더 가까워진다는 연구 결과도 있다. 악수했을 때 뇌의 사회성을 담당하고 있는 부분에서 상대방에 대한 호감도를 높이는 신호를 보낸다는 것이다. 동시에 상대에 대한 부정적인 인식은 멀리하는 신호를 보낸다고 한다. 정리하면, 악수를 함으로써 상대에게 안심과 호감을 준다.

당신의 제목에 혹해서 혹은 뭔가 콩고물이라도 떨어질 기대를 하고 본격적으로 들어온 사람들이 또다시 마주하는 심리적 벽은 '당신이 누구냐'는 것이다. 이때 당신이 가장 먼저 해야 할 제스처는 타깃에게 손을 내미는 것이다. 글을 통해 처음 만난 타깃을 안심시키고, 호감을 높이기 위해서는 전문가의 포스가 필요하다.

'나는 타깃을 해칠 무기가 없고', 사기꾼도 아닌 '전문가'라는 이미지를 초반에 심어줘야 한다.

사기꾼, 장사꾼 이미지(X) → 전문가 이미지(O)

만약 당신에게 누군가가 순수한 목적이 아닌 특정 상품이나 서비스의 영업을 목적으로 접근해 온다고 한다면 어떨까? 혹은 그러한 느낌을 받았다면? 100% 거부감을 느낄 수밖에 없다. 나 같아도 20년 만에 연락이 온 친구가 보험 얘기를 꺼내면 불편하다. 아내가 외출할 것도 아닌데 씻고 있을 때만큼이나.

그래서 처음 노출되는 상황이나 상대방에게 신뢰를 줘야 할 목적의 자기소개를 할 땐, 사기꾼이나 장사꾼의 모습과는 다른 이미지로 설정할 필요가 있다. 타깃의 보이지 않는 장벽을 없애고, 관계를 유연하게 만들어야 하기 때문이다.

초기 스타트업이나 소상공인, 프리랜서 강사 등 작은 규모일수록 대표 '개인의 매력'이 매출에 상당히 큰 영향을 미친다. 앞서 언급한 매력이란 대표의 외모뿐만 아니라 전체적인 이미지다. 타깃이 느끼는 신뢰는 대표의 전문가다운 모습에서 비롯된다. 신뢰 이미지는 상품의 구매율을 높인다.

단순히 중국집 주방장이 아니라, '중화요리 4대 문파 이연복 셰프'라고 하는 것이 더 전문가처럼 보인다는 뜻이다. 과거 TV에서 이연복은 "중화요리 4대 문파라고 하는 것은 멋있게 보이려고 하는 것이다."라고 말했다. 그리고 "이어져 내려오는 후계자가 있어야 하는 데 지금은 거의 남아있지 않다."라고 덧붙였다. 이유야 어쨌든 장사꾼 이미지보다는 전문가 이미지가 훨씬 더 유리하다.

우리를 배달의 민족으로 만든 김봉진 대표가 빡빡 민 머리에 큼지막한 뿔테 안경을 쓰고 턱수염까지 기른 이유도 똑같다. 외적으로 자신이 디자이너라는 이미지를 심어주기 위함이다. 명함에도 '경영하는 디자이너'라는 소개가 새겨져 있다. 아무리 노력해도 어리고 만만해 보이는 28세 팀장의 이야기에 아무도 귀 기울여주지 않자 좀 더 전문가처럼 보이기 위해서 외적인 이미지부터 바꾼 결과다.

그렇다고 무작정 삭발하라는 건 아니다. 전문가로서 이미지를 위해 외적인 요인까지도 세심하게 노력해야 한다는 의미다. 당신이 펜션이나 캠핑장을 운영하는 사장이라면 게다가 장사까지 잘 안된다면 일단 멈춰라. 면도와 몸 만들기를. 인격 넘치는 뱃살과 덥수룩한 수염이 오히려 매출을 올려줄 테니까.

❹ 퍼스널 브랜딩에도 먹히는 공식은 따로 있다

그렇다면, 당신의 〈전문가 이미지〉를 타깃에게 어떻게 심어줄까?

간단하다. 본인이 전문가라고 본인 입으로 대놓고 말하면 된다. 물론 자타가 공인하는 경우엔 스스로 좀 더 떳떳하다는 장점은 있다. 그렇다고 타인의 평가를 기다리다가는 굶어 죽기 십상이다. 그러니 일단 자신이 어떤 사람이라고 인식시키고 싶다면 의도적으로라도 '브랜드 네이밍'을 만들어야 한다. 쑥스럽다고? 일단 지르고, 수습하면 된다.

어차피 전문가가 되려고 부단히 노력하는 중이지 않은가.

자신의 이름 앞에 꾸며주는 '수식어'를 넣는 경우가 일반적이다.

예를 들면 이런 식이다.

‘국민MC 유재석’, ‘육아멘토 오은영 박사’, ‘피겨여왕 김연아’, ‘시골의사 박경철’, ‘부자언니 유수진’, ‘식빵언니 김연경’, ‘손사탐 손주은’, ‘슈가보이 백종원’, ‘유머코치 최규상’, ‘글쓰기 컨설턴트 이용만’, ‘동방신기 유노윤호’ 등.

이름 앞에 붙는 수식어를 일컬어 슬로건, 캐치프레이즈, 태그라인 등 어려운 용어들로 설명하는 경우가 많은데, 그게 뭐든 상관없다. 중요한 것은 당신이 누구인지 쉽게 각인시키고 전문가라는 뉘앙스를 주면 된다. 그리고 수식어는 ‘7글자’까지가 이상적이다. (부득이한 경우 최대 8글자까지.)

태그라인 즉 네이밍을 7글자로 세팅하는 데는 여러 가지 이유가 있지만, 일단 8글자가 넘어가면 말하기가 힘들다. 이름 소개부터 길고 힘들면 어쩌자는 건가. 그리고 듣는 사람들도 한 번에 인식하고 외우는 데 한계가 있다. 그래서 개인적으로는 적당히 리듬도 타지면서 외우기도 쉬운 7글자를 선호한다. 내가 ‘글쓰기 쌤’도 아니고 ‘글쓰기 코치’도 아닌 ‘글쓰기 컨설턴트’라고 한 건 다 이유가 있는 법이다.

[태그라인 틀]을 만들면 이렇다

1. (어떤 분야) 전문가(코치/컨설턴트/강사/아티스트 등) ○○○(이름).

ex: 위트 코치 이용만, 세일즈 코치 이용만, 스피치 강사 이용만, 글쓰기 아티스트 이용만, 10S 카피라이터 이용만, 마케터 이용만, 직업상담사 이용만, 취업컨설턴트 이용만, **엄**마**친아**들 이용만.

영업컨설턴트 ○○○입니다.

검색엔진 전문가 ○○○입니다.

*이름을 수식하는 글자는 '7글자'까지만!

2. (어떤 대상)을 위한 전문가(코치/컨설턴트/강사/아티스트 등)다.

ex: 대한민국 323만 소상공인을 위한 글쓰기 컨설턴트 이용만.

1인기업의 마케팅 글쓰기를 돕는 10S 카피라이터 이용만.

보험 영업사원에게 SMS 문자를 활용해 고객을 끊임없이 소개받을 방법을 가르쳐드리는 세일즈 코치 이용만.

회사에서 PT 발표를 앞두고 '출사표'를 던질지 '사표'를 던질지 고민하는 그대를 위한 스피치 강사 이용만.

*타깃(대상)을 지칭할 때는 구체적일수록 좋다.

해당 타깃이 고민하고 있을 법한 상황을 살포시 제시하는 것이 더 잘 먹힌다는 말이다.

이 부분(타깃 문제 제기)의 자세한 설명은 이후 전개될 〈문제 심화 공식 단계〉에서 보다 더 자세하게 다룬다.

브랜드 네임을 만드는 일은 아주 중요한 일이다.

가장 먼저 나를 드러낸다는 상징적인 의미와 상대방에게 각인시킬 수 있는 마케팅 효과 때문이다. 이러한 이유로 네이밍에만 몇 날 며칠 끙끙대는 사람들을 주위에서 쉽게 볼 수 있다. 장고 끝에 악수 둔다고 완벽한 이름에 목매다가 허송세월만 하는 모습을 보면 그저 안타까울 뿐이다. 그 시간에 나가서 타깃의 문제가 무엇인지 시장조사를 하는 편이 낫다. 혹은 내게 연락하든지.

엄마가 좋아하는 거 말고, 효과만 있으면 된다.

브랜드 네이밍은 화려하고 멋있는 작명이 아니다. 완벽하게 멋진 이름인지 아닌지는 그다지 신경 쓸 필요가 없다. 타깃이 보고, 들었을 때 한 번에 인식되고 각인될 수만 있다면 효과적인 네이밍이다. 단순명료하게 전달할 수 있는 태그라인이라면 충분하다.

잊지 말 것. 브랜드 네임은 당신 마음에 들고 좋아하느냐 싫어하느냐, 엄마가 마음에 들어 하느냐 그렇지 않으냐 그런 게 중요한 게 아니다. 문제는 효과가 있느냐 없느냐다. 효과가 있냐 없냐는 다음 2가지 질문으로 자가진단해 볼 수 있다.

1. 내가 타깃의 문제를 해결해줄 수 있는가?

2. 내가 타깃에게 어떤 이익을 줄 수 있는가?

앞에서 잠깐 언급했듯, 장모님은 시장에서 떡집을 운영 중인 여성 CEO다. 그 기간만 무려 33년이 되어가니 떡 분야에서는 가히 전문가라고 할 수 있다. 어느 날, 갑자기 시장에서 블로그 교육을 받는다는 말을 들었다. 그래서 내가 직접 블로그에 글을 한 편 써 드렸다. 참고로 장모님 가게 이름은 〈서울떡집〉이다. 떡집의 브랜드 네이밍(태그라인)은 어떻게 하면 좋을까?

33년 외길 떡의 달인?

ㅇㅇ시장 33년 전통떡집?

3대에 걸친 노포 떡집?

TV에 소개된 ㅇㅇ시장 맛집?

자가진단 2가지 질문을 다시 생각해 보자.

1. 내가 타깃의 문제를 해결해줄 수 있는가? (괴로움 해결)

2. 내가 타깃에게 어떤 이익을 줄 수 있는가? (욕구를 충족)

1. 떡을 사 먹으려고 하는 사람들의 문제는 무엇일까?

아무래도 당일 만든 떡이 아니라면 딱딱해져서 맛이 없어진다. 설령

급속냉동을 했다 해도 한 번 해동한 떡은 맛이 덜할 수밖에 없다. 갓 지은 따뜻한 떡을 먹고 싶은데 막상 사러 가기는 귀찮다. 부모님이 혹은 아이가 지금 당장 떡을 먹고 싶어 하는데 하필이면 주말(휴일)이다.

2. 내가 타깃에게 어떤 이익을 줄 수 있는가?

매일 떡을 만들면, 고객이 언제든지 갓 지어 맛있고 따끈한 떡을 먹을 수 있다. 퀵서비스로 배달을 해주면 고객이 빠르게 받을 수 있다. 대형마트도 쉬는 주말(휴일)에도 영업하니까 고객은 365일 언제든지 떡을 구매할 수 있다. 당연히 떡 맛은 기가 막히게 맛있다.

위 2가지를 고민한 후 태그라인을 만들었다.

〈일요일도 문 여는 서울떡집〉

LESSON 3

상처받은 치유자

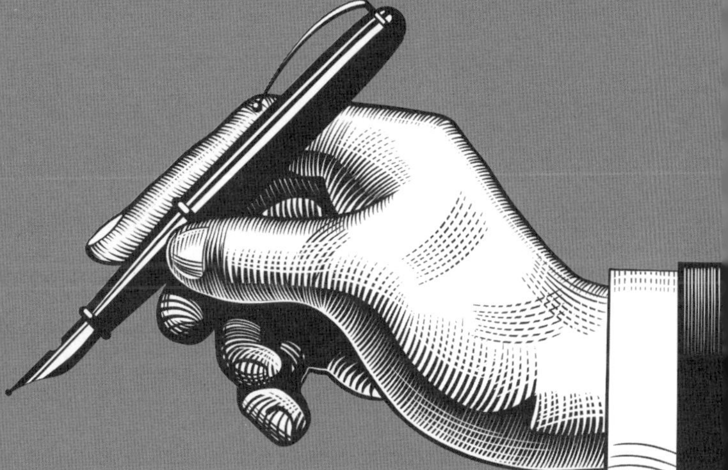

"뜨거운 가마 속에서 구워낸 도자기는 결코 빛깔이 바래는 일이 없다.
이와 마찬가지로 고난의 아픔에 단련된 사람의 인격은 영원히 변하지 않게 된다.
안락은 악마를 만들고 고난은 사람을 만드는 법이다."

—독일 철학자 쿠노 피셔(Kuno Fischer)

나는 9번의 이직과 9번 직업을 바꾼 직업상담사다

삼성카드, 한독모터스(BMW), BYC, 한림제약, KT M&S, AJ렌터카, 스페셜오토리스, 한국표준협회, 유니캠프, 더봄 컨설팅.
영업사원, 세일즈 강사, 영업(관리)교육팀장, 한국표준협회 전문위원, 스피치 강사, EBS 인성함양 지도강사, 취업컨설턴트, 직업상담사, 위트 코치, 글쓰기 컨설턴트.

명함이 나보다 많은 사람은 35년 넘도록 살면서 거의 본 적이 없다. 최소한 이 정도는 돼야 어디 가서 '직업'에 대해서 말이라도 꺼낼 수 있지 않을까 싶다. 상담까지는 차치하더라도.

누군가는 내게 끈기도 없고, 책임감도 없어서 자꾸 이직한다고 말했다. '정확하게 맞는 말'이라서 따로 반박은 하지 못했다. 다만 나는 9번의 사표를 던진 용기가 있었고, 총 10번의 입사를 한 취업능력이 있다는 건 확실하다. 그리고 총 10가지의 일을 충분히 해낼 수 있는 업무 능력 또한 뛰어나다. 내가 영업부터 글쓰기 컨설팅까지 각각의 일을 잘 못해서 직업을 바꿨다고 생각하면 큰 오산이다. 다 클리어하고 온 것이다. 다양한 일을 해보니까 결국 모든 건 글쓰기로 시작해서 글쓰기로 끝난다는 걸 깨달았기 때문이다.

그중 직업 상담에 대해 잠깐 언급하자면, 직업상담사(2급) 자격증이 필요하다. 직업상담사 자격증을 취득하기 위해서 가장 먼저 공부하는 5가지 과목이 있다. 일차적으로 직업상담학, 직업심리학, 직업정보론, 노동시장론, 노동관계법규로 이뤄진 필기시험을 치러야 하기 때문이다. 그중에서도 누구랄 것 없이 가장 먼저 공부하게 되는 것이 직업상담학 중 '직업 상담의 기초' 부분이다. 여기엔 상담의 정의부터 상담의 기본 조건 등을 다룬다.

상담의 기본 조건에는 3가지가 있다. '무조건적인 수용', '일치성(진실성)', '공감적 이해'다. 내가 3,000명 가까이 상담해봤더니 이제 알 것 같다. 이 중에서도 가장 중요한 한 가지는 단연 '공감적 이해'라는 사실을. 상담사를 일컬어 괜히 '상처받은 치유자'라고 하는 게 아니다. 상처도 받아보고, 치유도 받아본 경험을 토대로 나와 비슷한 사람들에게 꼭 필요한 치유자가 될 수 있다.

내담자의 관점에서 내담자의 내면세계를 이해하는 것을 공감적 이해, 다른 말로 감정 이입 이해라고 한다. 당신이 만약 판매자(공급자)의 입장이라면, 소비자(수요자)의 숨은 내면세계를 이해하려고 해야 공감을 할 수 있다는 의미다. 여기에서 당신은 고객의 언어적 표현뿐만 아니라 언어적 표현 이면에 있는 감정적 의미까지도 해석, 이해할 줄 알아야 한다. 결국, 잠재고객의 언어적, 비언어적 표현, 감정도 읽어낼 수 있어야 비로소 공감대를 형성할 수 있다. 쉽게 말하면 오랜 시간과 많은 에너지가 필요하다.

그러나 지름길은 있다.

당신의 경험 중 타깃(잠재고객)도 충분히 겪었을 경험 혹은 유사한 경험을 이야기함으로써 빠르게 공감대를 형성할 수 있다. 고객군이 20대 중·후반의 남성이라면, 여자들이 가장 싫어하는 경험만 골라서 말하면 된다. 군대에서 주야장천 축구한 얘기나 족구 하고 있었던 얘기 등.

부녀회 아주머니들의 공감을 끌어내기 위해선 막장 드라마 속 악녀와 시댁 식구 욕해주는 게 최고다.

'건멸치'와 '글쓰기'의 공통점

주방에서 멸치를 까고 있는 엄마 옆에 5살 아들이 함께 앉아 있었다.

멸치를 까다가 엄마가 아들에게 질문했다.

"멸치는 '생선'이니? 아니면 '동물'이니?"

한참을 고민하던 5살 아들은 이렇게 대답했다.

"반찬이요!"

맞다! 이것이야말로 우문현답이다.

멸치는 반찬이다. 그리고 멸치는 모든 국물 요리의 기본이다. 우리 집은 아들 반찬 말고는 집에서 반찬을 잘 만들지 않는다. 집에서 불과 10분 거리에 사시는 '장모님' 찬스를 쓸 수 있기 때문이다. 하지만 반찬 말고 찌개나 국은 직접 손을 거쳐야만 한다. 이때 거의 모든 국물 요리의 베이스는 '멸치육수'가 사용된다. 더 정확히 말하자면 '건멸치+다시

마' 육수인데, 다시마가 없으면 그냥 '건멸치'로만 육수를 내도 맛에 큰 차이는 못 느낀다.

여느 때와 마찬가지로 건멸치로만 육수를 내고 있었는데, 불현듯 궁금해졌다.

'왜 살아있는 멸치로는 육수를 낼 수 없을까?'

검색을 해봤더니 살아있는 멸치를 넣으면 육수가 아니라 멸치탕이 되어버릴지도 모른다고 한다. 여하튼 육수는 '오직 햇볕에 바싹 마른 멸치'만이 사용된다. 그래서 감칠맛 우러나는 국물이 된다. 그렇다면 건멸치를 통해 바라본 '글쓰기의 맛'은 무엇일까.

글쓰기의 육수는 무엇에서 나오는 것일까?

그건 바로 삶 속에서 우러나온다. 햇볕에 바싹 마른 멸치가 뜨거운 물 속에서 우러나야 비로소 감칠맛을 내듯, 오랜 시간 켜켜이 쌓아온 삶의 이야기가 우러나오는 것이다. 자신의 아픔 속에서 성장할 수 있어야 한다. 고난과 역경의 열풍 속에서 견디고, 다시 고통과 괴로움으로 바싹 말랐던 이야기야말로 독자의 감동을 이끌어내는 최고의 글쓰기다.

아픔을 겪어본 사람은 그 아픔을 겪는 사람에게는 '상처받은 치유자'가 된다.

글의 감칠맛은 기교가 아니라, 글을 쓰는 사람의 삶의 깊이에서 나온다. 단 한 문장을 쓰더라도 읽는 사람의 가슴을 울릴 수 있다면, 그 사람은 바로 '명鳴작가'가 된다.

사람들은 당신의 실패담을 좋아한다. 그리고 본인의 경험이 아님을 다행으로 여기기도 한다. 당신의 깨지고, 넘어지고, 힘들어 지친 이야기, 나아가 역경을 딛고 다시 일어나는 역전 스토리를 통해 독자들은 대리만족과 깨달음을 얻는다.

독자(고객)의 심금을 울리는 글쓰기를 꿈꾸는가?

그렇다면 멸치처럼 강렬하게 내리쬐는 햇볕에 숨이 턱턱 막히며 바싹 말려졌던 경험들을 찾아보자. 그리고 어떻게 이겨냈는지를 곱씹어 본다면 자신에게 울림을 줄 수 있다. 그 울림을 고스란히 한 글자, 한 글자 꾹꾹 눌러 담아 전해주면 된다.

3단계: 공감의 힘
<야, 나두 공식>

누가 시키지도 않았는데 자기가 막 신나서 잔뜩 먹어놓고,
"살찔 거 같다.", "너무 과식했다."라는 등
징징거리는 사람들.
명치 한 대 세게 때리고 싶은데, 그러면
거울에 금이 가겠죠?

"살을 빼고 싶으면 땀을 흘리세요.
괜히 굶고 이상한 약 먹고,
복대 같은 거에 쪼이지 마시고."
- 드라마 〈오 마이 비너스〉 중에서.

❶ 삼겹살은 진리! 호불호 없는 공감대

"아, 안 돼!! 헐."

TV를 보고 있던 아내가 외마디 탄식 후, 거의 오열을 하고 있었다. 누가 보면 경술국치의 아픔을 온몸으로 느끼는 줄 착각하기 충분했다. 알고 보니, TV 속 드라마에서 여주인공이 불판 위에 남은 마지막 삼겹살 한 점을 집다가 그만, 바닥으로 떨어뜨린 것이 아닌가.

그때 느꼈다.

'아, 저것이야말로 '리얼 공감'이구나.'

❷ 원빈은 기계공고 재학 시절 카센터에서 자동차 수리했었다

대한민국 최고의 미남을 꼽으라면, 20년이 넘는 시간 동안 TOP3 안에 자리하고 있는 원빈. 그러나 그도 태어날 때부터 미남 배우로 승승장구한 건 아니다. 원빈의 고등학교 시절, 자동차 정비를 하며 고생한 과정은 대부분 잘 모른다. 그는 한 인터뷰에서 당시의 상황을 이렇게 고백하기도 했다.

"자동차 정비라는 게 그리 쉬운 일이 아니었다. 특히, 추운 겨울(in 강원도)에 자동차를 만지고 있으면 손이 차디찬 철판에 쩍쩍 달라붙었다. 죽을 지경이었다. 또 손톱에 낀 기름때는 일주일이 지나도 빠지기는커녕 어쩌면 그토록 시커멓게 변해가는지…."

아, 완벽한 외모를 지닌 원빈 이야기는 조금 고민이 많았다.

나는 충분히 공감되긴 하는데, 당신은…. 부디 공감되길 바라며.

당신의 타깃(잠재고객)군이 강원도에 밀집되어 있거나 자동차 정비를 하는 사람들이라면 충분히 공감대를 형성할 수 있는 스토리가 된다.

비록 얼굴까지는 아니더라도.

"만일 한 남자가 친절하게 자동차 문을 열어주면
자동차가 새것이거나 여자가 새로운 여자일 경우이다."
- 우쉬 글라스

❸ 누구에게나 '찌질의 역사'는 존재한다

"서른 넘으면 되게 멋질 줄 알았어. 오피스텔 살면서 자가용 끌고, 일 년에 한두 번씩 해외여행도 가고, 사랑도 되게 멋지게 할 줄 알았는데 여전히 이렇게 미련하게 휘청거리기나 하고."

- 드라마 〈또 오해영〉 중에서.

"컨설턴트님은 원래 그렇게 글을 잘 쓰셨어요?"

"네, 맞습니다. 저는 '타고난 천재형'입니다. 그냥, 아무 생각 없이 쓰는데 자꾸 주변에서 잘 쓴다고 난리네요."

이렇게 말하면 진짜 난리 난다. 누가 와서 1:1 글쓰기를 컨설팅받고 싶겠는가. 실제로도 정반대다.

나는 학창시절 '글을 잘 쓴다.'라는 말을 들어본 적이 없었다. 이후 대학에서 4년 동안 경영학을 전공했는데, 당시 전공 교수님이 내 발표 수업이 끝나고 기립박수를 쳐주시며 "영업을 해도 아주 완벽히 잘하겠다."라는 한마디 말에 우연히 영업부터 시작하게 되었다.

내막은 이랬다. 나는 경영대학원을 진학하려고 4학년 때 지도교수님께 진로 상담하러 갔다가 학점이 낮다는 이유로 영업을 하거나 장사를 하는 게 더 낫다는 이상한 논리에 설득당해버린 것이다. (사실, 지금도 '3.79'가 왜 낮은 학점인지 이해가 안 간다.)

여하튼 나는 학창시절 그 흔한 백일장 상장 한 장 받아본 적이 없었고, 독서와 글쓰기를 즐기지도 좋아하지도 않았다. 좀 더 정확히 말하자면 그 두 가지를 딱, 코로나19 바이러스만큼 싫어했다.

그렇다. 솔직히 지금도 그 두 가지(독서 & 글쓰기)를 좋아한다거나 즐기진 않는다. 글쓰기는 매번 어렵다. 오히려 공부하면 할수록, 알면 알수록 더 어려운 느낌이다. 그래서 다 때려치우고 글을 전혀 쓰지 않은 과거 몇 개월도 있었다. 누구에게나 마찬가지겠지만, 나 역시도 늘 '모니터 속 새하얀 빈 용지(슬라이드)'는 적응되지 않는 공포의 대상이자 고통의 연속이다.

나는 지금, 그 새하얀 공포와 매번 마주하고 있을 나와 그리고 당신의 고통을 시원하게 날려버리기 위해 이 책을 쓰고 있다.

4단계: 영웅의 탄생
<스토리 포장 공식>

❶ 사기, 뒤통수는 기본! 죽다 살아난 이야기

아버지가 어머니와 혼인신고도 하지 않은 상태에서 돌아가셨고, 당연히 그는 아버지의 호적에도 오르지 못했다. 그래서 늘 '후레자식'이라 놀림당하며 찢어지게 가난한 유년 시절을 보내야만 했다.

초등학교 때만 이사를 무려 14번을 하고, 매일 2시간 반 동안 혼자 통학을 했다. 설상가상으로 노름에 빠진 어머니 덕분에 어린 나이에 막노동까지 해야 하루하루 버텨나갈 수 있었다.

배가 너무 고파서 생무를 뽑아먹고, 굿판을 따라다니며 굿이 끝나고 남은 떡을 얻어먹어 가며 ㅇㅇ를 끝까지 포기하지 않았던 그는 결국….

그는 누구일까?

그리고 그가 끝까지 포기하지 않았던 것은 무엇일까?

❷ 에르메스: 켈리백 & 버킨백의 '탄생 스토리'

▶ (제품/콘텐츠/서비스 등) 어쩌다가 나왔는지?

지구상에서 가장 비싼 핸드백으로 불리는 에르메스의 '켈리백'과 '버킨백'은 모든 여자의 로망이자 성공한 여자의 상징이다. 그 숨겨진 이야기 속으로 한 발짝 더 들어가 보자.

먼저, '켈리백'은 모나코 여왕을 위해 제작되었다. 그 여왕의 이름이 바로 '그레이스 켈리'다. 실제 그레이스 켈리는 영국의 가수 겸 영화배우로서, 실제로도 영화 같은 삶을 살다 갔다. 현실에서 모나코 왕자에게 청혼을 받아 왕비가 되었기 때문이다.

1956년 그레이스 켈리가 임신했을 당시, 불룩한 배를 가리기 위해 에르메스 가방을 들고 다녔다. 그 모습(사진)이 노출되면서 에르메스의 그 가방은 '켈리백'으로 불리게 되었다. 실제로 켈리백이라는 명칭을 위해 왕실의 허락까지 받았다는 일화도 있다.

여기, 또 다른 여자의 로망 '버킨백'이 있다.

80년대부터 샹송 가수로 활동하고 많은 이들의 뮤즈이기도 했던 그녀, 영국 출신의 가수 겸 영화배우다. 그녀의 이름은 '제인 버킨'이다.

1984년 제인 버킨은 우연히 비행기를 탔는데 하필 바로 옆자리에 에르메스 최고경영자 '장 루이 뒤마'가 있었다. 당시 제인 버킨은 에르메스의 백을 들고 있었는데, 하필 장 루이 뒤마 쪽으로 백이 떨어졌고, 그때 가방 안에 있던 물건들이 왈칵 쏟아졌다. 이를 본 장 루이 뒤마는 가방에서 떨어진 물건을 주워 건네주며 “여배우 가방 속에 물건이 많냐?” 라고 농담을 건넸다. 이때 제인 버킨은 마치 기다렸다는 듯이 에르메스 CEO에게 촌철살인의 한마디를 날려버린다.

“당신의 에르메스 가방은 이쁘지만, 주머니가 없어 실용성이 없다.”

그녀의 한마디에 에르메스는 제인 버킨만을 위한 주머니까지 넣은 백을 직접 디자인해서 선물한다. 그 핸드백이 오늘날의 ‘버킨백’이다.

어떤가? 재밌지 않은가? 당신의 제품, 콘텐츠, 서비스 그리고 당신이라는 사람 자체는 어떤 〈탄생 스토리〉가 있는가? 탄생 신화를 잘만 활용하면 당신 또한 ‘누군가의 로망’이자 ‘성공의 상징’이 될 수 있다.

❸ 임영웅: 잘생긴 것도 아니고 예능감도 없지만, 트로트의 ‘영웅 스토리’

▶ (제품/콘텐츠/서비스 등)을 위해 지금까지 어떤 ‘고생’을 했는지? 어려움을 이겨낸 ‘필살기’는 무엇인지?

한국기업평판연구소는 2020년 12월 가수 브랜드평판 30위를 공개했다. 분석 데이터에 따르면 1위가 방탄소년단이고 2위가 ‘임영웅’이다. 방탄소년단은 이미 전 세계의 셀럽이 된 분들이라 사실 경쟁 자체가 무

의미하다.

그러나 임영웅은 어떤가. 완전 무명가수가 하루아침에 대박, 진짜 이름대로 영웅이 된 셈이다. 트로트라는 장르의 인기몰이라는 것도 무시할 수 없다. 그러나 '송가인'은 27위라는 점을 비교해볼 때, 임영웅 개인이 가지고 있는 브랜드파워가 분명 존재한다는 것이다.

2020년 한해 최다검색어는 바로 '미스터 드롯 〈임영웅〉'이다. '개천에서 용이 난다.'라는 건 이제 불가능이 돼버린 현실태를 비웃기라도 하듯 일반인들이 모여 보란 듯이 임영웅이라는 용을 만들어버린 건 아닐까.

임영웅은 오디션이 낳은 최고의 스타다. 흔히 스타라고 하면 뛰어나게 잘생겼거나 뛰어난 끼가 있다. 그러나 임영웅은 둘 다 아니다. 그런데도 그가 진짜 영웅이 된 이유는 무엇일까.

그는 오직 '노래' 하나로 승부를 본다. 팬들은 그의 외모와 끼에 움직이지 않는다. 다만 그만의 흔하지 않은 진솔함이 담긴 노래에 빠져든다. 그러고 나면 나머지 매력이 침착하게 차례로 뛰어나와 그때부터는 정신 못 차리게 되는 것이다. 그렇게 영웅 신화가 되었다.

당신은 어떤 매력이 있는가? 타깃을 정신 못 차리게 만들 진솔한 무기가 있는가? 그것을 얻는 과정에서 비로소 당신은 영웅이 된다.

내가 좋아하는 고사성어 중에 '낭중지추囊中之錐'가 있다. '주머니 속의 송곳'이라는 뜻으로, 뾰족한 송곳은 가만히 있어도 반드시 뚫고 삐져 나오듯이 뛰어난 재능을 가진 사람은 남의 눈에 띔을 비유하는 말이다. 당신의 재능이, 당신의 콘텐츠가 아직 송곳이 아닐 수 있다. 그렇다면 더 날카롭게 만들면 된다. 그 과정이 모두 영웅의 스토리가 된다. 그리고 이미 날카로운 송곳이라면, 남의 눈에 띌 때까지 기다리지 말고 먼저 주머니를 찢어버리면 된다. 찢고 나오면서 이렇게 한마디만 하면 된다.

"돈도, 명예도, 개뿔 아무것도 없었던 내가 **어떻게** 여기까지 왔냐면…"

후레자식. 이사를 무려 14번을 하고, 매일 2시간 반 동안 혼자 통학.
노름에 빠진 어머니 덕분에 어린 나이에 막노동까지.
생무를 뽑아먹고, 굿판을 따라다니며 굿이 끝나고 남은 떡을 얻어 먹어 가며 '축구'를 끝까지 포기하지 않았던 그.

그는 바로 2002년 월드컵 한국 축구 4강 신화를 이끈 영웅,
안정환이다.

❹ 노름에 빠진 PC방 사장에서 17조 원의 재벌이 되기까지

대한민국 부자 1위.

시가총액 4위 기업(2021년 7월 기준), 대략 17조 원(비상장주식까지 계산)의 재산을 소유하고 있는 재벌 중 재벌이 있다. 참고로 대한민국 최고 재벌기업으로 유명한 삼성전자 이재용 부회장의 재산이 약 15조 원이라고 한다. 이재용보다 더 부자는 누구일까?

포털사이트에 '김범수'라는 이름을 검색하면 가수부터 배우, 야구선수, 아나운서 등 62명이 나온다. 그렇다면 김범수 중 가장 부자인 김범수는 누구일까?

대한민국 국민 95%가 사용 중인 카카오톡 그리고 카카오맵, 카카오택시, 카카오게임, 카카오페이 등 카카오그룹 계열사만 105개다. 대한민국을 카카오 왕국으로 만든 시초가 카카오톡이다. 당시 네이트온, 버디버디 같은 PC 메신저가 시장을 장악하고 있던 상황에서 모바일 메신저라는 새로운 패러다임을 만들었다. 2010년 3월 카카오톡 출시 이후 1년 만에 1,000만 명의 이용자를 모으는 저력을 보여줬다. 카카오톡의 성공을 발판으로 카카오톡 선물하기, 이모티콘, 카카오스토리, 플러스친구, 카카오게임, 카카오프렌즈, 카카오페이지 등을 내보내며 빠르게 성장한다. 나아가 2014년 다음커뮤니케이션과 합병을 통해 다음카카오 최대 주주가 된다. 드라마 제작, 엔터테인먼트와 협업을 하면서 문어발식 확장을 이어나갔다. 그 결과 2019년, 9년 만에 대기업(자산총액 10조 이상 기준 충족)을 만든 주인공은 누구일까?

그는 바로 '현대판 자수성가의 끝판왕', '라이언'이란 별명이 더 익숙한 카카오 이사회 의장 김범수다. 학창시절 돈이 없어서 아르바이트하며 학비를 충당했다. 한때는 고스톱, 포커, 당구 등 노름에 푹 빠졌었으며 PC방까지 운영했다. PC방 사장이 어떻게 대한민국을 카카오 왕국으로 만들 수 있었을까?

1966년 가난한 집안에서 태어나 서울로 이사 왔고, 할머니 손에서 자랐다. 아버지는 목공일과 막노동을 했고, 어머니는 식당일을 하며 생활비를 벌었다. 작은 단칸방에서 아버지, 어머니, 5남매, 할머니까지 총 8식구가 살았다. 그러다가 부모님의 부도로 돈이 너무 없어서 등록금이 싼 서울대학교에 무조건 가야겠다고 마음먹었다고 한다. 재수할 때는 손가락을 베서 혈서까지 쓰며 독하게 공부했다. 결국, 재수 끝에 서울대학교 산업공학과 86학번으로 입학한다. 참고로 서울대 86학번으로는 이해진(네이버 창업자), 김정주(넥슨 창업자)도 있다. 집안이 어려워 과외 아르바이트로 생활비와 학비를 충당해야만 했다. 보통 집안이 어려우면 더 공부에 매진할 것이라는 예측과는 정반대로 고스톱, 포커, 당구, 바둑 등에 푹 빠졌다고 한다. 힘든 재수 시절의 보상심리라고.

어쨌든 큰 사고 없이 대학과 대학원을 졸업했다. 이후 1992년 전문요원으로 삼성데이타시스템에 입사한다. 90년대 후반 인터넷 흐름에 주목하게 되면서 인터넷과 게임을 결합하는 세상을 만들기로 한다. 그래서 삼성을 때려치우고 나와 PC방을 차린다. 그것도 국내 최대 규모로 말이다. 그냥 게임만 하는 PC방이 아니라 PC방 관리 프로그램을 만들고 전국의 PC방에 판매까지 한 것이다. 당시 PC방의 전국적 호황으로 꽤 많은 수입을 벌어들였고, 그 자본을 바탕으로 한게임을 탄생시켰다. 한게임은 90년대 말 2000년대 초 고스톱, 테트리스, 바둑, 장기, 포커 열풍을 일으켜 회원 수를 3개월 만에 100만 명을 넘긴 전설의 게임 사이트다. 그런데 이용자가 급증하면서 서버 운영비용이 눈덩이처럼 불어나는 상황이 된 것이다. 이때 네이버가 풍부한 자원을 앞세워 압도적인 회원 수를 보유하고 있던 한게임을 인수·합병하면서 서로의 약점을 보완했다. 그래서 NHN㈜을 설립하고 이해진-김범수 공동대표 체계로 운영됐다. 덕분에 네이버를 업계 부동의 1위로 올려놓고, 한게임은 유료화를 통해 막대한 자본을 얻게 된다. 이후 NHN은 2007년 시가총액 10조 원대의 대기업으로 성장하게 된다.

이제 성공한 CEO로서 편안하게 지내면 되는데, 돌연 가족들과 미국으로 떠난다. NHN주식을 모두 매각하고. 당시 그가 매각한 NHN 주식만으로도 자손 대대로 풍족하게 살아가는 데 큰 문제는 없었다고 한다. 어쨌든 미국에서 3년 동안 신나게(?) 가족과 시간을 보내며 놀았다고 전해진다. 미국에서 놀다가 아이폰이 출시되는 것을 보며 'PC에서 모바일로 옮겨갈 것'을 직감했다. 변화의 기회를 놓치지 않았던 그는 모바일 메신저라는 서비스를 출시했다. 그렇게 탄생한 것이 대한민국 95%가 사용하고 있는 카카오톡이다.

김범수 의장이 중점을 둔 3가지 포인트는 'PC통신', '인터넷', '모바일'이다. 그가 성공할 수 있었던 이유는 기회를 포착하고 변화에 대응하며 과감한 결정을 내렸기 때문이다.

"배는 항구에 있을 때 가장 안전하다. 하지만 그것이 배의 존재 이유는 아니다."

- 김범수 의장, NHN을 떠나며.

❺ 스타벅스: 커피 한 잔에 담긴 '성공 스토리'

▶ (제품/콘텐츠/서비스 등) 이걸로 어떻게 성공했는지?

《스타벅스, 커피 한 잔에 담긴 성공신화》(하워드 슐츠, 도리 존스 양, 김영사)에는 스타벅스 회장인 하워드 슐츠가 스타벅스라는 브랜드를 탄생시키기까지의 다양한 사건과 역경, 열정을 담았다. 쉽게 말하면 하워드 슐츠의 성공담이다. 일단 성공하고 나서 그 이야기만 술술 풀어도 번듯한 한 권의 책이 된다. 달리 말하면 사람들은 남들의 성공 스토리에 대리만족하고 자신도 그렇게 될 수 있을 것이라는 희망을 사는 것이다.

솔직히 이 책은 안 읽어봐도 내용은 뻔하지 않겠는가. 빈민가 출신이었던 사람이 힘들고 어려운 과정에서도 포기하지 않고, '소통'과 '협업'을 통해 목표를 달성한 스토리.

혹시, 당신의 이야기도 뻔하다고 치부하며 스스로 숨기고 있는가?

그럴 필요 없다. 사람들은 뻔한 성공신화에도 반응하고 기꺼이 신뢰를 보낸다. 그리고 당신의 현재는 누군가에게 성공의 목표일 수 있다.

성공이 무슨 대수겠는가.

타깃이 모르는 걸 먼저 알고, 타깃이 안 해본 걸 먼저 해보고 시행착오 겪으며 조금 더 앞서가면 된다. 지금까지의 뻔한 과정도 '키워드'를 2~3개 정도로 잡고 이야기로 풀어나가면 된다.

정리하면,

당신의 그저 그런 이야기를 하나의 **신화**로 만들어 내는 것이 포인트다. 당신의 제품이 '어쩌다가', '왜 만들었는지' 그리고 상품으로 만들어 완성하기까지 '어떤 시행착오 및 어려움을 겪고 이겨냈는지'를 알려준다. 마지막으로 그 상품을 통해 당신이 얼마나 성장했고, 성공했는지를 멋지게 짠! 하고 보여주면 끝이다.

나는 11년 전, 길바닥에서부터 영업을 시작했다. 지금 생각해 보니 그때부터 양심 빼고 다 팔아봤던 것 같다. 당시엔 지하철 1호선에서 9호선까지 거의 매일 타고 다녔다. 하루에 첫차와 막차를 다 타본 적도 있다. 그때 지하철노선도를 눈감고도 전부 외울 정도였으니, 지금 생각해도 토 나온다. 아무튼, 그때 단 하나의 고민은 이것이었다.

'어떻게 하면 단 1번의 기회, 단 1분 안에 내 상품을 팔 수 있을까?'

그 단 하나의 고민을 해결하고자 정말이지 미친 듯이 뛰어다녔다. 어느 정도였냐면 당시 새로 산 구두의 5cm 굽이 정확히 15일 만에 다 닳았다. 그길로 구두를 내다 버렸다. 그때 난 구두를 잃고, 엄청난 비법을 얻었다. 한번 입을 털어서 상대의 호주머니를 터는 비법을 터득한 것이다. 이 비법으로 나는 딱 한 달 만에 삼성카드 VIP 강남지점 (최연소로) TOP3에 안착했다. 그리고 정확히 3일 후에 옆 동네 테헤란지점의 지점장이 나를 찾아와서 내 영업비결을 물었다.

이후, 그 비법을 순서에 맞게 글로 옮겼다. 카피라이팅, 스피치, 심리학, 경영학, 인문학, 마케팅, 세일즈 공부와 각종 설득책 등을 찾아보며 체계적으로 정리했다. 그리고 수천 번 써보면서 〈그냥 10줄만 쓰면, 무조건 비싸도 팔리는 글쓰기 공식〉을 비로소 터득한 것이다.

▶ 자, '탄생 스토리'를 단 '한 문장(1문장)'으로 줄여보자.

→ 11년 전 길바닥에서 영업을 시작, 지하철 1호선~9호선까지 매일 타고 다니면서 '단 1번의 기회, 단 1분' 안에 상품을 파는 비법 그리고 수천 번을 써보며 '비싸도 팔리는 10문장 글쓰기 공식'을 터득했습니다.

LESSON 4

병 주고, 약 주고

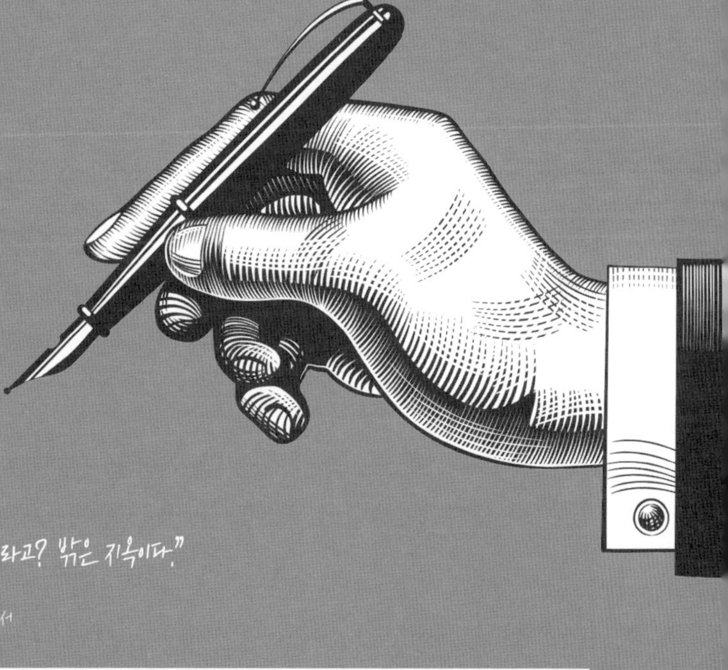

"회사가 전쟁터라고? 밖은 지옥이다."

—웹툰 <미생> 중에서

글이 잘 안 써지는 시간, 11시

지금 혹시 글이 잘 안 써지는가?

그렇다면 시계를 보라.

아마도 '11시에서 12시 사이'일 것이다.

아니라고?

그렇다면

원래 글을 못 쓰는 거다.

글을 쓰다 보면 누구에게나 찾아온다.

글이 더럽게 안 써지는 시간. '11시.'

뭘 해도 안 될 때가 있다.

새벽부터 부엌에서 앓는 소리가 들렸다. 그냥 무시하고 자기엔 꽤 큰

소음이었다. 세수하러 왔다가 물만 먹고 간 토끼처럼 눈 비비며 일어나 부엌으로 나가봤다. 아내가 압력밥솥과 싸우고 있었다. 가까이 가보니 압력밥솥이 열 받았는지 뚜껑이 열려 있었고, 그걸 어떻게든 닫아보려는 아내가 낑낑대고 있었다.

남자답게 아내를 밀치며 압력밥솥 뚜껑을 힘으로 눌렀는데, 그 순간.

젠장, 밥솥 지지대가 부서졌다. 압력밥솥은 그대로 땅에 떨어졌고, 그 속에 담긴 불린 쌀도 함께 떨어졌다. 덕분에 압력밥솥은 고장 나고, 밥솥 지지대는 망가졌다. 아내한테 혼나는 건 괜찮은데, 36개월 아들이 자꾸 놀리는 게 씁쓸할 뿐.

노력해도 보상받지 못할 때가 있다.

살다 보면 아무리 발악해도 빛을 보지 못하는 시간이 있다. 아무리 노력해도 보상받지 못하는 시간. 아무리 글 써도 인정받지 못하는 시간. 그 시간이 바로 11시다.

좀 더 구체적으로 말하자면 '11시와 12시 사이'다.

하루 동안 시곗바늘은 몇 번 겹칠까? (시침과 분침이 서로 교차할 때)

시계에는 '시침'과 '분침'이 있다. 시침과 분침은 따로 돌지만, 서로 교차하며 만날 때가 있다. 그렇다면 하루(24h) 동안 시곗바늘은 몇 번 겹칠까?

구글 입사 문제이기도 했다.

정답은 '22번'이다.

시계의 시침과 분침은 매시간 한 번씩은 겹치며 만난다. 자정을 시작으로 한 시간마다 겹친다고 보면 24번이라고 생각할 수도 있다. 하지만 아니다. 11시에서 12시 사이에는 겹치지 않는다. 11시에만 시침이 더 빨라서 서로 겹쳐지지 않는 것이다. 이 경우가 24시간 중에 2번이다. 그러므로 24-2=22번이다.

결국, 아다리가 맞을 때가 온다. (동트기 전이 가장 어둡다.)

시침과 분침이 다시 겹쳐지는 시간은 '12시' 정각이다. 그때는 땡 하고 종이 울리며, 서로 완벽하게 하나로 포개어진다. 다시 말해 12시 땡! 하고 종이 울리기 전까지는 어떠한 보상도 받지 못하는 때가 반드시 있다.

글쓰기에도 인생에도 누구에게나 11시는 찾아온다. 그러나 너무 걱정하지 말 것. 곧 '12시'는 찾아오니까. 결국, 아다리가 맞는 때가 반드시 온다는 뜻이다.

홍보 글이든 SNS 글이든 일기든 뭐든 쓰다 보면 내 맘대로 글이 잘 안 써질 때가 반드시 있다. 혹은 잘 쓴 글을 아무도 알아봐 주지 않을 때도 있다. 그래도 포기하지 말고 쓰길 바란다.

당신의 글쓰기 시계가 지금 11시 59분일지도 모르니 말이다.

그러니까 못 먹어도 Go!

5단계: 문제 세분화 <문제 심화 공식>

"사장님~! 여기 닭가슴살, 곤약볶음밥, 현미야채밥 중 뭐가 제일 많이 나가요?"

"네 몸무게! 네 몸무게가 제일 많이 나가지. 그다음에 뭐 김치냉장고, 식기세척기 순이겠지!"

(이런 멤버십새끼...)

❶ 오 마이 갓! 내가 했던 개고생을 똑같이 하고 있네(야, 너두?)

그럴 때가 있다.

내가 10년 전에 했던 실수를 그대로 하는 취업준비생들을 볼 때.

자기소개서를 그렇게 쓰면 안 되는데, 면접에서 그렇게 말하면 안 되는데 말이다. 물론 나 또한 10년 전에 똑같았다. 10시간을 고생해서 쓴 자기소개서가 '왜 서류에서 떨어지는지', 면접장 분위기는 아주 화기애애했는데 '왜 최종면접에서 떨어지는지' 도무지 알 길이 없었다.

그 당시엔 말이다.

다만 확실한 건, 내가 그 당시 느꼈던 깊은 화남과 좌절의 쓴맛을 지금의 취업준비생들 또한 '똑같이' 느끼고 있다는 점이다.

▶ 단축키(간단한 기능) 하나를 몰라서 온종일 PPT와 씨름하는 사람들
▶ 무조건 열심히만 하면 성공하는 줄 알고, 허공에 삽질하는 사장님들
▶ 결혼과 육아는 처음이라 하루하루가 멘붕의 연속인 초보 엄마·아빠들

만약 당신이 생고생 후 지금은 PPT에 능숙하거나, 열심히 하다 포기하는 등 게으르지만 획기적인 아이디어 하나로 소위 대박 난 사장님이라면. 그리고 초, 중, 고등학생 3자녀를 둔 엄마라면 어떨까?

당신들이 초반에 홀로 온갖 고생하며 느꼈던 감정들을 자분자분 이야기하는 순간 타깃(대상)은 100% 공감하고 빠져들게 되어 있다.

속으로 '맞아 맞아, 대박 완전 내 얘기네' 하면서.

그럴 때가 있다.

1일 1포스팅 글쓰기를 한답시고 끼리끼리 모여서 허튼짓하는 거

볼 때.

아무 의미 없고 미완성된 글을 백날 써봐라. 글쓰기 실력이 느나.

장담하는데 스트레스와 뱃살만 는다. 글쓰기는 한 글자, 한 글자 컨설팅(첨삭)을 받아야 실력이 는다.

❷ 어렸을 때 크게 한번 아픈 적 있지?

아들은 돌 전까지 매달 대학병원에 입원했다. 그래서일까. 나중엔 대학병원 간호사들이 나를 알아보기도 했다. 하루는 주사를 맞으려고 준비하던 아들이 20대 초반으로 보이는 여자간호사 엉덩이를 만졌다.

'움켜잡았다'라는 표현이 정확할 듯하다. 덕분에 나는 접이식 자전거처럼 허리를 180도 접어 대국민 사과를 해야만 했다.

아무튼, 아들은 돌 전까지 자주 크게 아팠다. 우리 엄마한테 물어보니까 나도 크게 몇 번 아팠다고 한다. 아내도 역시 예외는 아니었다.

그렇다. 사람이라면 누구나 공통으로 겪는 필수적인 과정이 있다.

이를 좀 더 세분화시켜 보면 타깃별, 상황별, 시대별 동일하게 나타나는 문제들이 있다. 자칫 잊힐 법한 문제들을 굳이 하나씩 꺼내, 공연히 건드려 걱정을 불러일으키면 된다.

"사람들 많은데, 갑자기 앞에 나와서 말하라고 하면 막 미치겠죠?

그리고 막상 나와서 얘기했는데, "너는 왜 말을 그렇게 하냐, 왜 똑바로 말도 못 하냐, 바보냐, 왜 그렇게 지루하고 재미가 없냐."라는 주변의 한마디 한마디에 상처받기도 하시죠?

네, 저는 그렇게 상처받고 미쳐버린 분들을 도와드리고 있습니다."

❸ 일부러 아픈 곳만 골라 찔러라. 한의사처럼

"아침엔 지점장한테 밟히고, 낮엔 고객한테 까이고, 밤엔 실적 때문에 불면증에 시달리는 영업사원을 위한 '세일즈 코치 이용만'입니다."

"아, 아아아! 네네, 거기 거기도 거기도 아팟!.. 아파요!"

왜 한의사들은 내가 아픈 곳만 자기가 알아서 콕콕 골라 찌르면서 "아프냐?"라고 물어보는 것인가?

그래서 아프다고 하면 "그럴 줄 알았다."라고 한다. 최소한 5번 이상은 아프다고 해야 종료다. 이것은 진료인가, 고통의 연료인가. 더 열받는 건, 치료라는 명목하에 무료가 아닌 유료다. 그러나 확실한 건, 글로써 제대로 찔러 자극을 주면 타깃은 매료된다.

(이것이 '라임'이다. 어떤 '한 글자'가 교묘하게 반복되는지 다시 읽어보면 보인다.)

▶ 문제점) '제품'이든 '서비스'든 '콘텐츠'든 '강의'든 '책'이든 뭐든 일단 닥치는 대로 팔아야 먹고산다. 그런데 그게 어디 쉬운 일인가? 어렵게 만들었는데 이런 젠장, 팔기는 더 어렵다.

그렇다고 제품 들고 무작정 돌방할 텐가?(돌방: '돌발 방문'이라고, 무작정 돌아다니면서 영업한다는 말이다. '빌딩타기'라고도 한다.) 내가 해봤는데, 진정한 허튼짓이다. 아무리 멘탈 강한 사람이라도 일주일 정도 하면, 멘탈이 쿠크다스처럼 바사삭 부서진다.

고객을 찾아가는 건 오래 못 할 짓이다. 고객이 제 발로 찾아오게끔 해야 오래간다.

발로 뛰는 역동적인 판매 활동은 잠재고객의 시선을 잠시 끌 수는 있으나, 잠재고객이 스스로 내게 찾아와 구매 및 지속적인 관계를 만들어야 효과적인 마케팅이다. 효과적인 마케팅으로 잠재고객이 당신을 먼저 찾았기 때문에 고객과의 관계에서 당신이 우위를 선점할 수 있다.

그렇다면 고객을 끌어당기고 먼저 찾아오게 만드는 효과적인 마케팅 도구는 무엇일까? 최고의 방법은 타깃 즉 잠재고객을 유혹하는 '글쓰기'다. 글쓰기가 중요하다는 건 알겠고, 문제는 글을 어떻게 쓰냐는 것이다.

말을 하라고 하면 청산유수인데, 글만 쓰려고 하면 자꾸 머릿속이 자동으로 지워진다. 차량 블랙박스도 아닌데 오래된 순으로 자동으로 포맷되는 이유는 무엇인가. 게다가 키보드 앞에만 앉으면 나는 왜 작아지는가.

백날 네이버, 유튜브 검색해도 제대로 안 알려준다. 책? 백날 읽어도 수박 겉핥기식으로 뭔가 알려주다가 끝난다. 찝찝하게. 다른 사람들 글을 훔쳐보면서 베끼기도 쉽지 않다. 어설프게라도 베끼면 그나마 다행인데, 현실은 어떤가. 오히려 다른 판매자들 글 염탐하다가 그 글에 유혹돼서 얼떨결에 경쟁사 상품을 주문까지 하는 불상사가 벌어진다. 결국, 남들 좋은 일만 시켜주고 있다. 당신이 무슨 유니세프인가?

그렇게 하루하루 좌절하며 얼마 남지 않은 소중한 머리털까지 쥐어뜯기에 이르는데….

▶ 윗글을 좀 줄여보자.

제품이든 서비스 등 팔아야 하는데, '도대체 어떻게 고객을 유혹하고, 반드시 사게 만드는 글을 써야 할지'를 모른다. 답을 찾아보려 인터넷이나 책 등을 뒤지지만, 머리만 아파 뒤지겠다. 남들 써놓은 상세페이지를 베끼어 써보지만, 엄마 하이힐 신고 돌아다니는 여중생처럼 가관이다.

▶ 다시, 딱, 1문장으로 줄여보자.

→ 제품이든 서비스든 무엇인가를 팔아야 하는데, 어떻게 글을 써야 할지 몰라서 밤새 머리를 쥐어뜯으시는 분들은 반드시 신청하세요.

❹ 산 너머 에베레스트산을 보여준다

화성에서 온 남자 vs 아내 배 속에서 온 남자

2018년 4월 8일, 아내가 배 속에서 데려온 낯선 남자는 나에게 진정한 100일의 기절을 선물했다.

기절하고 나서 정신을 차릴 무렵, 돌 지난 아이를 키우는 주변인들은 나에게 말했다. "그때가 좋을 때야."라고. 그리고 아들 돌잔치 때, 두 돌 지난 아이를 키우는 사람들이 "그때가 좋을 때야."라고 했다. 두 돌이 지났을 때도 세 돌 지난 아이를 키우는 사람들이 "그때가 좋을 때야."라고 했다. 지금, 37개월에 접어 들어가는데, 유치원생을 키우는 부모들이 "그때가 좋을 때야."라고 말한다.

참 이상하다. 갈수록 나는 더 힘들어지는데, 사람들은 하나같이 '그때마다 좋을 때'라고 한다. 그때 깨달았다. 뒤로 갈수록 좋았다는 것을.

그래서 아기 만들기 시작할 때가 가장 좋았나 보다.

잘 생각해 보자.

지금이 힘든 거 같지? 절대 아니다.

지금이 제일 편한 거다. 내일은 무조건 더 힘들다. '늦었다고 생각할 때가 가장 빠르다.'라고 하지 않던가. 지금 빨리 당신의 문제를 해결하지 않는다면 나중은 없다. 잊지 말 것. 지금 해결하지 않으면 영원히 해결하지 못한다.

시간은 절대로 약이 아니다.

허송세월은 마약이다.

6단계: 솔루션 제시
<해결 방안 공식>

"너의 재능을 따라가란 말이야.
마이클 잭슨의 아버지가 아들더러 복서가 되라고 했다면,
무하마드 알리의 아버지가 아들더러 가수가 되라고 했다면
어땠을까?
그건 재앙이지."
-영화 〈세 얼간이〉 중에서.

❶ 육삼=18! 욕 나오고 힘들지? 내가 처리해 줄게!

"야 괜찮아ㅋㅋ. 인구의 반이 여자인데 뭘ㅋㅋ. 넌 훨씬 더 좋은 여자 만날 거야ㅋㅋ. 걱정 마, 내가 여자 소개해 줄게. 일단 한잔 해~!ㅋㅋ"

지금까지 이런 솔루션은 없었다. 이것은 위로인가, 희열인가.

나는 당시 그 흔한(?) 여자 친구도 없던 찌질한 솔로 시절. 여자 친구한테 차이고 울먹거리는 친구의 이별 소식은 내게 대학 합격 소식보다 더 큰 도파민의 증가를 가져왔다. 겉으로 소주잔을 기울이며 위로랍시고 말해주고 있는데, 속으로는 사악한 즐거움을 만끽하고 있었다.

기분과 상관없이 갑자기 웃는 병을 가진 조커처럼.

사랑이 다른 사랑으로 잊힌다고 했던가. 그러나 지금의 이성과 헤어진 이유를 정확히 모르고, 그 문제점을 해결할 방법을 모른다면 같은 실수를 무한 반복할 뿐이다. 더는 반복된 실수를 막기 위해서 내가 특별히 〈남녀가 헤어지는 근본적인 원인(문제)〉을 알려주겠다.

1. 첫 만남으로 끝 → 당신의 〈외모〉가 문제

▶ 잘생긴 사람 안 좋아한다던 (원빈과 결혼한) 이나영, '강남○○성형외과.'

2. 단기연애로 끝 → 당신의 〈매력〉이 문제

▶ 이성에게 호감을 높이고 매력을 더하는 스피치를 가르쳐드립니다.

3. 장기연애인데 결혼 직전에 끝 → 당신의 〈조건〉이 문제

▶ 3개월이면 당신도 S전자 신입사원! 대기업 취업공식을 1:1 컨설팅해 드립니다.

❷ 호미로 막을 것을 '티스푼'으로 막는 법

회도 인생도 솔루션도 '날로 먹고 싶은 것'이 인지상정.

아무리 좋은 해결 방법이라 할지라도 타깃(대상)은 막상 시도하기에 어렵거나 복잡하면 외면한다.

타깃이 날로 먹게 해줘야 욕 안 먹는다.

쉽게 말하면, 솔루션은 무조건 쉬워야 한다. (최소한 쉬워 보여야 한다.)

예를 들어보자.

베스트셀러 '책 제목'만 봐도 답은 나온다.

《주린이가 가장 알고 싶은 최다 질문 TOP77》, 《주식투자 무작정 따라하기》, 《주린이도 술술 읽는 친절한 주식책》 등.

물론 주식도 글쓰기도 어렵다. 그런데 아무 생각 없이 그냥 따라만 하면 된다니 이 얼마나 희소식이겠는가?

노력(努力)말고 노력(NO力)을 어필해야 한다.

타깃에게 노력을 강조하면 안 된다. 노력이 아니라, 'NO력'을 강조해야 한다. 타깃이 굳이 힘을 안 들여도 골치 아픈 문제가 해결될 것이라는 믿음이나 환상을 심어줘야 한다는 말이다.

자, 이쯤에서 기습 질문!

이 책의 제목과 함께 쓰여 있던 '캐치프레이즈'가 기억나는가?

"무작정 10문장만 따라 쓰면, 비싸도 잘 팔린다."

(내가 괜히 저렇게 쓴 것이 아니다. 나는 다 계획이 있었다.)

누구나 금방 따라 할 수 있을 것처럼 보이는 즉 쉬워 보이게 만드는 간단한 방법이 있다. 딱 3가지만 통제하면 된다. 시간, 행동, 결과다.

정확히 말하면 '(짧은) 시간', '(수동적) 행동', '(긍정적) 결과'다.

1. (짧은) 시간 → 한 방에, 하루 만에, 클릭 한 번으로, 단 10문장, 끓는 물에 3분!, 오늘 배워 내일 바로 써먹는, 로켓배송! 당일 배송! 새벽 배송!, 퇴근 후 단 1시간 투자, 시간을 줄여주는(5시간→단, 5분이면 끝!)

▶ 하루 만에 책 쓰기,
보면서 바로 써먹는 온라인 마케팅 툴 'BEST 10'.

▶ 재택 부업! 15분 만에 하루 6만 원 돈 벌기!
지금 당장 따라해 보세요!

▶ 단 5분, ㅇㅇ기업 공모주 청약방법으로 쉽고 빠르게 치킨값 벌기!

2. (수동적) 행동 → 무작정 따라 하기, 베껴쓰기, 마시기만 해도 살이 빠지는, 불로소득(수동적 소득: Passive income) 파이프라인 만들기 등.

▶ 일하지 않아도 통장에 돈이 꽂힌다! '패시브 인컴' 시스템 구축법 공개!

▶ 따라만 해도 허리 사이즈가 줄어드는 초간단 허리 다이어트 동영상.

▶ 잘 때도 돈이 들어오는 가장 현실적이고 강력한 수익 시스템 1가지!

3. (긍정적) 결과 → 100% 합격, 알아서 잘 팔린다, 돈이 된다, 건강해진다.

▶ 최단기 합격 1위 '해○○'가 당신의 9급 '공무원 합격'을 책임집니다.
▶ 외국계 취업 합격률 90% 이상! 문의만 주시면 취업은 저희가 다 알아서 해드리겠습니다.
▶ 자갈밭에 오줌을 누면 자갈이 튀어, 소변기의 나프탈렌이 쓰리쿠션(?)을 쳐!

그렇다면, 도대체 구체적으로 '어떤 방법(솔루션)'이냐고?

너무 자세하게 솔루션을 공개할 필요는 없다. 사실 그 솔루션 자체가 콘텐츠이기 때문에 홍보 글에서 일일이 다 알려줘서도 안 된다. (내가 해보니까 한 편의 홍보 글로는 솔루션을 다 알려줘도 타깃은 잘 모른다. 100% 소화할 수 없다는 말이다.) 즉, 'How to에 대한 호기심'을 불러일으켜 '누구나 쉽게 따라 할 수 있고', '나도 금방 좋은 결과가 나오겠구나.'라는 기대(희망) 심리만 심어주고 자극하면 끝이다.

❸ 모기 물린 곳만 골라서 '버물리'를 톡톡!

'과유불급過猶不及'이라는 말이 있다. 말 그대로 '지나친 것은 미치지 못한 것과 같다.'라는 말이다.

타깃(잠재고객)의 걱정과 심신의 피로를 풀어주겠다며 다짜고짜 눕게 하고 옷을 벗기고, 전신 마사지를 해주면 어떨까? 그것도 유능하다는 (but 한국말은 모르는) 태국 마사지사를 불러서 말이다. '아프다'라고 울며 외치는데도, 알아듣지 못한 채 웃으며 더 신나게 경락을 누른다면?

제발 지나친 관심과 쓸데없는 열정은 넣어두길 바란다. 타깃이 모기 물린 곳만 찾아서 버물리만 발라주면 끝이다. 상처 난 곳에만 후시딘 살짝 발라주면 된다. 손을 아무리 뒤로 뻗어도 닿지 않는 등 한가운데만 효자손으로 살살 건드려주면 된다. 딱, 거기까지만 할 것!

정리하면, '병 주고 약 주면' 된다.

※주의: 병을 2개 줬으면 약도 2개만 주면 끝. (1:1 등가의 법칙)

❹ 산을 깎아 초호화 럭셔리 복합리조트 조감도를 보여준다

솔직히 이 부분은 넣을지 말지 고민을 했다. 자칫 유명 '태국 마사지'

악몽이 될까 봐. 그러나 혹시 모를 숨은 고수님들을 위해 공개한다.

최고의 솔루션은 보통 인간이 상상하지도 못할 만큼의 결과를 실감나게 그리고 충분한 공감을 바탕으로 생생하게 4D처럼 보여주는 것이다.

▶ 예를 들면 이런 식이다.

앉은 자를 일어나게 하고, 잘 못 뛰던 자를 빨리 뛰게 한다.

평소 욕먹던 영업사원이 거래처 사장한테 큰소리치며 욕을 하게 만들지만 결국 거래처 사장과 영업사원 모두에게서 기억을 빼내어 그 둘에게 화평을 이루게 한다. 어디 그뿐이랴. 평소 용기가 없어 짝사랑하는 여자에게 다가가지도 못한 찌질남에게는 고백의 힘을 주어 끝내 사랑을 이루게 하는 기적을 행한다. 이 모든 걸 '한 방'에 가능케 하는 건,

바로 '술'이다.

혹시 모를 숨은 (주류업계 관계자) 고수들을 위해 준비해봤다.

❺ 왜 가장 존중하고 아껴야 할 ○○에게 그렇게 함부로 대하지?

거래처 대표를 만나거나 영업을 할 때, 아내에게 전화가 오면 대부분 끊거나 받더라도 단답형으로 용건만 간단히 통화를 마치곤 했다. 아무래도 그러한 행동이 나도 모르게 습관이 되어버렸던 것 같다.

하루는 스피치 코치(스승)님께 코칭을 받던 중에 아내로부터 전화가

왔다. 코치님이 일단 받아보라는 말에 전화를 받았고, 대충 "왜? 어~ 알았어. 끊어!"라고 말한 뒤 서둘러 끊어버렸다.

이 모습을 지켜보던 코치님은 내게 말했다.

"왜 가장 존중하고 아껴야 할 아내에게 그렇게 함부로 대하지?"

스피치 강의를 하려는 사람이 그런 식으로 가족에게 말(스피치)을 하면 '어떻게 스피치 전문가라고 할 수 있느냐'라는 짧고 굵은 가르침과 함께.

그 이후로 공식 석상, 친목 모임 등에서 아내에게 전화가 오면 최대한 공손하게 두 손으로 전화를 받는다. 그리고 존댓말을 쓴다. 이런 모습에 놀란 사람들은 '누군데 그렇게 예의 있게 통화하냐'라는 의미로 묻는다. 내가 '아내'라고 답하면 더 놀란다. 이후에 나를 바라보는 눈빛과 대하는 태도가 확실히 달라진다는 걸 느낄 수 있다.

1시간 스피치 강의보다, 아내와 1분 통화가 더 효과적일 수 있다.

〈미저리〉, 〈쇼생크 탈출〉, 〈그린 마일〉, 〈미스트〉, 〈캐리〉 등을 만든 영화 시나리오 작가 '스티븐 킹'. 그는 "어떻게 그렇게 다작을 할 수 있느냐"는 한 기자의 질문에 이렇게 답했다.

"저야말로 궁금합니다. 다른 작가들은 글을 쓰지 않는 시간에 대체 무얼 하면서 시간을 보내는지."

한 방에 '기자, 작가, 시간'을 보내버리는 이보다 더 멋진 솔루션이 있을까 싶다.

LESSON 5

누구보다 빠르게, 남들과는 다르게

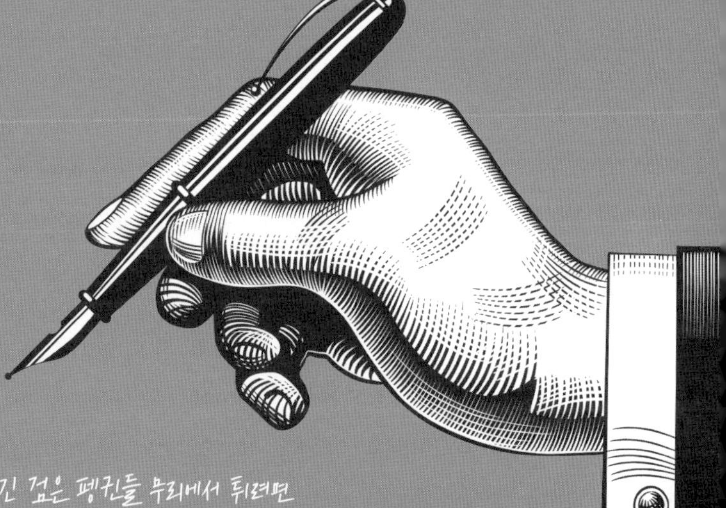

"죄다 똑같이 생긴 검은 펭귄들 무리에서 튀려면 분홍색 펭귄 정도는 되어야 한다."

—빌 비숍, 《핑크 펭귄(Pink Penguin)》 저자

개가 사람을 물면 뉴스거리가 되지 않는다

수습기자들이 가장 먼저 듣는 말은 무엇일까?

그것은 바로 이 말이다.

If a dog bites a man, that's not news. But if a man bites a dog, that's news!

(개가 사람을 물면 뉴스거리가 되지 않지만, 사람이 개를 물면 뉴스가 된다!)

이 기가 막힌 비유는 미국 언론인 '찰스 A. 다나'의 작품이다.

언론사가 기자에게 원하는 것은 두 가지다. 뉴스 가치와 신뢰다. 그만큼 언론은 뉴스 가치에 생존이 달려있다고 해도 과언이 아니다. 기자가 뉴스로서 가치가 매우 뛰어난 기사를 혼자서만 썼다면, 그게 바로 특종이다. 지금까지와는 다른 중요한 변동이나 흥미로운 사실이 있어야 비로소 '뉴스 가치가 있다'라고 판단한다.

당신의 상품이나 자신의 가치가 남들과 별반 다를 게 없다고 판단된다면,

지금 당장 나가서 개를 물어보는 건 어떨까?

개를 물기 어렵다면, 씻겨라!

2021년 현재, 대한민국 가구 중 반려동물을 키우는 가구가 3분의 1을 차지한다. 반려동물 관련 비즈니스 시장이 6조 원에 육박하는 시대로 그 규모는 지속 확대 중이다. 이 정도 추세라면 애견카페나 애견미용 등의 사업은 이미 포화상태라는 건 충분히 예상할 수 있다. 그런데도 이 시장에서 '대형견 전문 출장 목욕서비스'라는 차별화를 통해 누구보다 신나게 돈 버는 사람은 존재한다.

여기, 고객의 집으로 직접 찾아가서 개를 씻겨주는 사람이 있다. 그는 자신을 '개신남(개를 씻기는 남자)'이라 홍보한다. 택배 배송 차량 크기의 트럭을 개조해 그 속에서 대형견을 목욕시켜 준다. 그냥 씻기는 것도 아니고 개 피부에 좋은 약용 샴푸를 쓰고, 심지어 비타민이 함유된 샤워 필터로 영양 가득한 물까지 사용한다. (나는 마트에서 1+1 행사하는 대용량 샴푸만 쓰는데….)

강아지 특히 대형견을 키우는 사람이라면 공감할 것이다. 대형견은

덩치가 커서 한번 목욕시키려면 평균 4시간에서 최대 8시간까지도 걸린다는 사실을. 씻기기에 공간도 마땅치 않다는 고민도 있다. 또한, 목욕 후에 제대로 털을 말려주지 않으면 피부질환으로 이어진다는 아픔까지.

이 모든 문제(고민)를 한 방에 해결해준다는데, 마다할 개 주인이 있겠는가?

기존의 생각(콘셉트, 전략 등)**에서 탈피해야**
산다.
고객(Buy)**도 당신**(Live)**도.**

나보다 나를 더 잘 아는 건, 우리 엄마도 우리 아내도 아닌 ○○다

나보다 나를 더 잘 아는 건 AI다. 특히 쇼핑몰 AI. 요즘은 모바일 앱을 클릭하는 순간 내 취향에 맞는 각종 상품이 우후죽순 날아든다. 그중 최근에 꽂힌 몇몇 아이템은 마치 매직아이처럼 떠오른다. '어쩜 그리도 내 마음을 잘 아는지' 기가 막히게 비슷한 가격과 디자인의 다른 상품까지 쭉 보여주며 유혹한다. 정신을 차릴 때쯤 택배 상자를 받아들고 흐뭇해하는 또 다른 나를 발견한다.

폭스바겐 골프가 해치백의 교과서이듯, 넷플릭스는 AI의 교과서

'OTT(Over-the-top) 서비스'는 코로나 시대를 맞아 더 빠르게 성장하고 있다. 인터넷을 통해 방송 프로그램·영화·교육 등 각종 미디어 콘텐츠를 제공하는 서비스다. 쉽게 말하면 성인 3명 중 1~2명은 가입이 되어 있는 넷플릭스, 티빙, 옥수수, 디즈니+, 왓챠, 유튜브 등이다. 요즘은 영화관도 잘 못 가니까 대신 집에서 OTT 서비스를 이용하는 사람들이 늘고 있다. 집에서 간편하게 즐길 수 있다는 최대 장점이 있다. 그래서일까. 영화관은 마이너스의 늪(-63%)에서 허우적거릴 때, OTT 앱의 가입자는 10억 명(2021년, 전 세계 가입자 기준)을 넘어서고 있다. 이 와중에도 단연 돋보이는 기업은 넷플릭스다.

넷플릭스는 나를 비롯한 전 세계 사람들을 정신 못 차리게 만든 차별화 전략으로 성공한 기업이다. 2000년에 '시네매치' 서비스를 시작했다. 고객이 좋아할 만한 영화를 예측해서 자동으로 추천해주는 추천 알고리즘 서비스다. 지금은 흔한 서비스지만 넷플릭스는 추천 시스템이라는 차별화된 전략으로 당시 경쟁업체였던 블록버스터를 가뿐히 뛰어넘으며 전 세계 최고로 손꼽히는 콘텐츠 서비스 제작 기업이 되었다.

후발주자임에도 성공할 수 있었던 결정적인 이유는 사용자가 좋아할 만한 추천 알고리즘과 축적된 데이터를 기반으로 한 자동 추천 서비스라는 차별화 전략이었다. 그뿐만 아니라 방대한 콘텐츠 라이브러리, 무료 체험, 사용자 중심의 웹사이트 그리고 최근 넷플릭스만의 인사 관리 시스템까지 끊임없이 차별화된 모습을 보여주고 있다. 주로 막장 드라마와 홈쇼핑만 보던 아내까지 넷플릭스 유료가입을 진지하게 고민하고 있을 정도니 그 파급력이 가히 엄청나다 할 수 있다.

차별화는 고객의 필요로 꼭 찾아와야만 하는 명분을 만들어주는 핵심이다. 상품의 콘셉트나 전략을 더 좋게, 더 멋지고 화려하게, 더 싸게 (혹은 비싸게), 더 예쁘게 꾸며 업그레이드하는 것보다 차별화가 우선이다. 차별화하려면 단순히 남들과 다른 게 아니라, 독보적인 특징이 있어야 한다.

7단계: 차별화 전략 <‘Only One(유일무이)’ 공식>

❶ 칠성급 호텔이랄까. 레베루가 다르지!

전국으로 강의를 다니다 보니 ‘야놀자’ 앱을 자주 애용했다. 그러다 보니 내게 자꾸 할인권을 준다. 할인권을 쭉 보다 보면 가끔, 호텔 숙박 비용의 3분의 1 가격으로 럭셔리 ‘호텔급 모텔’이라며 홍보하는 문구를 보게 된다. 이게 무슨 말 같지도 않은 소린가. 아무리 모텔 가격에 호텔급 시설이라고 해도 그렇지 모텔은 그냥 모텔이다.

7성급 호텔은 돼야 ‘럭셔리 호텔’이라는 호칭이 어울린다. 당신은 혹은 당신의 콘텐츠는 모텔인가 호텔인가? 아니면 7성급 럭셔리 호텔인가?

안타깝지만, 내가 보기엔 대다수가 그냥 ‘여인숙’이다.

이왕이면 다홍치마라고 시간이 좀 걸려도 높은 레벨로 포지셔닝하는

(위치를 잡는) 것을 강력히 추천한다. 왜냐하면 '박리다매'는 가장 바보 같은 방법이기 때문이다. 실제로 《유대인의 돈 버는 상술》(김정운, 글로북스)에서도 싸구려 판매 경쟁 즉 '박리다매'를 가리켜 매우 어리석기 짝이 없는 상술이라고 한다. 진정한 차별화는 스스로 레벨 및 가치를 높이고, 가격을 높여 그 누구도 따라올 수 없을 만큼 한 분야에서 독보적이 되는 것이다.

❷ 연애 고수의 차별화 스킬(2+1)

연애 고자와 연애 고수는 영화를 예매하는 방법부터 다르다. 하수(보통 사람들 포함)는 2자리만 예약한다. 하지만 고수는 3자리를 예약한다. 단 한 명 그리고 한 편의 영화를 위해서 말이다. 이 작은 차이가 곧 큰 차이를 만든다.

고수는 일단 가장 화젯거리이면서 재미있는 영화로 미리 예매한다. 앞서 언급했듯 3자리를 예약한다. 주의할 점은 예매자리에 대한 정보는 절대 상대방에게 미리 알려서는 안 된다. 알려야 할 타이밍은 잠시 후에 공개하겠다. 아무튼, 2자리는 나란히 붙어 있는 좌석으로 예매하고, 나머지 한 자리는 '썸녀(썸남)가 앉을 바로 앞 좌석'을 예매하는 것이다. 여기에는 2가지 숨은 의도가 있다.

1. 시야 확보다.

아무리 좋은 사람과 좋은 영화를 본다고 해도 앞에 머리 큰 아저씨가

떡하니 앉아 있다면 어떨까? (두더지 잡기 게임이라면 망치로 때리면 될 텐데) 아마도 그녀는 영화 보는 내내 속으로 '꽝꽝 얼린 빠삐코로 한 대 치고 싶다'라는 생각만 들지 않을까?

안전운전, 안전연애를 위해서는 시야 확보가 우선이다.

2. 짐을 덜어준다.

한겨울 추위를 막아주는 롱패딩은 실내에 들어서는 순간 앞길을 막을 뿐이다. 그녀의 무거운 짐(롱패딩, 가방 및 기타 소지품 등)을 그 앞자리에 놓아두면 된다. 그녀의 짐도 덜고 심적 부담도 덜어줄 수 있다.

결국, 상대방의 줄어든 부담만큼 고수의 매력은 더해진다.

그리고 마지막 필살기!

빈자리를 확인하고 사람들이 앉으려고 하거나 짐을 놓아두려는 낌새가 보인다면 즉각적으로 딱 한마디만 한다. 아주 신사적으로 그리고 중저음으로.

"거기, 저희 자리인데요."

이때 썸녀가 의아하게 쳐다보며 물어오면 기다렸다는 듯 이렇게 말한다.

"너 잘 안 보일까 봐."

(7글자 외 그 어떤 말도 절대 하지 않는다!)

PS. 나는 아내 생일엔 아내를 고깃집에 데려간다.

아내가 제일 좋아하는 음식이 (셀 수 없이 많지만) 고기이기 때문이다. 나만의 차별화는 고깃집 문 여는 시간보다 5분 일찍 가는 것(도착)이다. 그럼 주차장도 여유가 있고 기다리지 않아서 좋다. 한정판 컵 준다고 오픈 몇 시간 전부터 사람들이 줄 서는 스타벅스 같은 고깃집은 전국에 많지 않으니 안심해도 좋다. 아무튼, 그렇게 일찍 가면 막 오픈 준비를 마친 상태라서 내부는 깨끗하고 다른 손님은 아무도 없으니 좋다. 그렇게 넓은 고깃집에서 단둘이 앉아 아내에게 이렇게 속삭이면 된다.

"너 생일이라 특별히 식당 통째로 빌렸어."

다만, 둘만의 오붓한 식사를 하려면 고기를 5분 내로 빨리 먹어야 한다는 단점이 있다. 사람들이 곧 밀려오기 때문이다. 이땐 당황하지 않고 "너 생일인데 그래도 적적할까 봐 들러리를 좀 세웠어."라는 말과 함께 재빨리 고기 1인분 더 추가하면 된다.

❸ 예쁘기만 하고 매력은 없는 애들과 난 달라 달라

"리얼리티도 좋지만, 진짜 양아치를 데려오면 어떡하냐…."

영화 〈주유소 습격사건〉 촬영 당시 '유해진'을 처음 본 차승원이 김상진 감독에게 조심스럽게 건넨 말이다.

이후, 유해진은 대한민국을 대표하는 영화배우가 된다. 외모에서 주는 이미지와는 전혀 다른 신사적이고 똑똑한 면모를 실제 무대 밖에서도 유감없이 보여준다. 영화 속 그의 프로다운 모습은 오히려 잘생기게 보이는(좀 무리인가?) 착시까지 불러일으킨다. 그리고 그의 탄탄한 연기력에서 나오는 캐릭터 소화력은 가히 독보적이라 할 수 있다.

▶ '차별화'를 하는 방법은 크게 '3가지'가 있다.

(이는 〈브랜딩을 구축하는 과정〉이기도 하다.)

1. 무(無)→유(有): 없던 걸 최초로 만든다. [천재의 영역]
2. 유(有)→뉴(NEW): 있던 걸 새롭게 만든다. [인재의 영역]
3. 뉴(NEW)→수(秀): 새로운 걸 더 뛰어나게 만든다. [수재의 영역]

자, 이제부터 당신이 해당하는 '영역'에 맞춰 만들면 차별화가 된다.

문제는 대다수가 천재도 인재도 수재도 아닌 **아재**일 뿐. 그래서 그냥 내가 〈차별화 문장 작성 틀〉을 만들었다. (빈칸)만 채우면 끝이다.

▶ 대한민국에서 지금껏 이런 (콘텐츠/솔루션)은 없었다. 최초 공개!

▶ (어떤 분야의) 책 1만 권을 읽고, 단 1권으로 정리한 (분야) 요약집.

▶ (운동)도 (먹기)도 귀찮다. 그냥 (보기)만 해도 (살이 3kg씩 빠지)는 (영상)이다.

④ 독점에 '독보적 가치'를 더하다. 〈Only One+No.1〉

독점하면 편하다. 하지만 단순히 유일하기만 한 것은 오래가지 못한다. 곧 비슷한 것들이 튀어나오는 건 시간문제이기 때문이다. 그래서 독보적 가치를 더해야 한다. 남이 감히 따를 수 없을 정도로 뛰어난 것을 독보적이라 한다.

정리하면, 유일하면서도 유별난 가치가 있어야 진정한 '차별화 브랜딩'이 된다.

유일하면서 유별난 가치는 유재석이 유감없이 보여준다.

'국민MC'라는 타이틀을 20년 가까이 거의 유일하게 지켜내고 있는 사람이 있다. 바로 유재석이다. 물론 이경규, 강호동, 신동엽 등 쟁쟁한 선배들이 있지만 이렇다 할 구설수나 부정적 이미지 없이 깔끔하게 그 자리를 수성하는 건, 유재석 그뿐이다. 그래서일까. TV만 틀면 나온다. 이를 두고 '왜 예능을 유재석 혼자 다 해 먹느냐'고 욕하는 사람을 본 적 있는가? 나는 못 봤다.

그 이유는 무엇일까. 금연 11년 차인 유재석이 '담배를 끊게 된 이유'를 알게 되면 궁금증의 실마리가 풀릴 것이다.

"내가 좋아하는 무언가를 포기하지 않으면 두 개를 다 가질 수는 없다. 나이는 들어가고 체력적으로도 대비하지 않고 준비하지 않으면 안 된다."

여담이지만, 개그맨 김영철도 담배를 끊었다고 한다. 그가 진행하는 라디오에서 담배를 끊었던 이유에 대해 이렇게 밝혔다.

"담배 피우는 모습이 안 어울려요."

(조금은 다른 측면에서 독보적이라 할 수 있다.)

당신도 알다시피, 지금 읽고 있는 나의 '위트 있는 글'은 독보적이면서 독점이다. 몇몇 글을 재밌게 쓰는 분들을 알고 있지만, 대한민국에서 다섯 손가락 안에 꼽을 만큼 극소수이며, 그들은 재밌는 글을 꾸준하게 쓰진 않는다. 꾸준하게 못 쓰는지도 모르겠다.

중요한 건, 단 한 편의 글 속에 정보, 감동, 교훈, 재미(유머), 공감, 위트를 모두 담아 전달할 수 있는 인간은 **단 1명뿐**이다. 정말 축하한다. 당신은 지금 지구상에 유일한 그 1명의 글을 읽고 있다.

사람들이 내게 자주 묻는다.

"어떻게 하면 글을 그렇게 유익하면서도 유쾌하게 쓰느냐?"고.

지금부터 최초로, 그 질문에 대해 딱 '한 문장'으로 답해주겠다.

"2012년 12월 7일부터 지금까지 3,000일이 훌쩍 넘는 기간 동안 단 한 명의 여자를 '어떻게 하면 즐겁게 해줄지'를 매일 고민하고 있을 뿐이다."

8단계: 사회적 증거 <증거 제시 공식>

❶ 팔모가지랑 내 돈 모두 건다. 무조건 돼!

여느 때와 다름없이 막장 드라마를 챙겨보고 있던 아내가 느닷없이 내게 물었다.

"오빠는 나를 얼마만큼 사랑해?"

나는 용기 내 수줍게 고백했다.

"말도 못 하게 사랑하지. 그래서 말을 못 하겠다."

아내는 '편의점 문 닫을 때까지 맞아볼래?'라는 눈빛으로 날 쳐다보기 시작하는데….

"남자에게 참 좋은데, 뭐라고 표현할 방법이 없네."

그건 '산수유' 얘기고!

좋다는 걸 표현(증명)을 못 하면 잠재고객은 절대 움직이지 않는다.

'누구'에게 '어떤 식'으로 '얼마나' 좋은지를 구체적으로 제시해야 한다. 그래야 믿는다.

영화 〈타짜〉에서 아귀는 고광렬의 속임수를 눈치채고, 손등을 칼로 찍으며 이렇게 말한다.

"네 손바닥에 화투 한 장 붙어 있다는 거에 내 돈 모두하고 내 손 하나를 걸겠다. 넌 무엇을 걸래~?"

당신은 자신의 콘텐츠(상품, 서비스 등)의 효과를 입증하기 위해 무엇을 걸 텐가?

❷ 저도 같은 거로 주세요

며칠 전, 늦은 점심을 먹으려고 '망향휴게소'에 들른 적이 있다. 뭘 먹을지를 고민하고 있는데 〈망향휴게소 대표 인기메뉴 TOP 4〉라는 문구와 함께 **'명품닭개장, 수제생돈까스, 전주비빔밥, 호두과자'** 사진이 눈에 들어왔다. 천안이니까 '호두과자'까지는 이해하겠는데, 전주비빔밥은 왜 TOP 4에 껴 있는지 아직도 미스터리다.

그리고 역시, 잘 모를 땐 그냥 **가장 많이 시키는 BEST 메뉴 중 하나**를 선택하는 편이 낫다. 그래야 실패 확률이 가장 낮다. 즉, 무난하다.

그래서 난 오랜 고민 끝에 **'우동'**을 시켰다. 모름지기 가장 무서운 건 '아는 맛'이지.

- 짜장면 먹으러 갔다가 주변 테이블 세 군데에서 고추잡채를 시키면 나도 모르게 고추잡채를 추가하고 있는 나를 발견한다. 왜 그럴까?
- 1,500명 공무원 합격생이 필수로 선택했던 ○○○ 1타 강사의 행정법 특강.
  → 공무원 준비생이라면 그냥 지나칠 수 없다. 왜 그럴까?
- 팔로워 수 2,000만 인플루언서가 선택한 휴게소는? 바로, 망향휴게소!
  → 이러면 다음 날부터 망향휴게소에서 우동 먹긴 글렀다는 말이다. 왜 그럴까?

이는 전문용어로 '사회적 증거 원칙'이라고 한다. 또 다른 말로는 '다수의 증거 원칙'이라 한다. 쉽게 말해 많은 사람들이 선택한 것에 대해서 본능적으로 신뢰를 하게 되고, 나도 그것을 선택해야만 할 것 같은 심리를 받게 된다. 이는 증거로써 아주 강력한 힘을 발휘한다.

❸ 먹히는 증거는 따로 있다. 〈Fantastic 4〉 공식

'망향휴게소 대표 인기메뉴 TOP 4' 말고.

▶ 무조건 먹히는 증거 제시 공식 〈Fantastic 4〉

1. 사회적 증거 원칙(다수의 증거 원칙)

→ 많은 사람이 구매/선택한 것은 가장 강력한 증거로써 가치가 있다. 본능적으로 따라가게 되어 있는데, 사회적 증거의 원칙을 강하게 만드는 2가지 특성 때문이다. 〈불확실성〉과 〈유사성〉이 그것이다.

사람은 주어진 상황이 불확실하다고 느끼면 다른 사람들의 행동을 참고해 본인의 행동을 결정할 확률이 높다. 그리고 내가 보고 있는 대상이 나와 비슷한 사람일 경우에 더욱 강력하게 작용한다는 점이다.

식당에서 반드시 '손님을 테이블에 앉혀야 하는 시간'은 언제일까?

오후 5~6시이다.

수단과 방법을 가리지 않고 5~6시 사이에는 창가 쪽 자리에 최소 두 테이블 이상은 손님이 채워져 있어야 한다. 퇴근 후 저녁을 먹거나 술 한잔 할 곳을 찾아 주변 식당가를 어슬렁거리는 사람들을 낚아채야 하기 때문이다. 가게 창가에 앉아 있는 사람들에 이끌려 따라 들어올 수 있게 해야 한다.

텅 비어있는 가게보다는 그래도 사람들이 적당히 있는 곳이 낫지 않겠는가? 밥을 먹든 술을 마시든. 다수의 사람은 이런 마음이다. 집단의 압력에 의해 개인이 행동과 태도를 변화시키는 현상을 '동조 현상'이라 한다. 이를 잘 활용하면 힘들게 홍보할 필요가 없다. 먼저 온 고객이 알아서 영업해주는 꼴이 되기 때문이다. 소주잔 들고 유혹하는 아이유보다, 창가에서 삼겹살 쌈 싸 먹으며 소주 한잔 걸치는 일반인의 모습이 훨씬 더 당긴다.

우리 집 앞 고깃집에서 '평일 5시 이전 방문 고객에게 돼지껍데기 무료 제공'한다는 이벤트를 괜히 하는 게 아니다.

2. 구매 후기

→ 입소문 마케팅의 한 방법으로 '구매 후기 마케팅'이라고 한다. 실제 제품을 써본 소비자들이 상품의 장·단점을 글과 사진으로 표현한 일체를 구매 후기라 한다. 후기 마케팅이 '저비용 고효율 효과를 낳는다.'라는 마케팅 수단으로 주목받기도 했다. 그래서 사용자들의 '후기'는 증거로써 아주 강력한 힘을 발휘한다.

DMC 미디어(시장조사업체)가 발표한 '2017 소비자의 구매 의사결정 과정별 이용 채널 및 행동 패턴의 이해'에 따르면 소비자의 53.2%가 제품이나 서비스 소비 경험을 공유하는 것으로 나타났다. 공유 방법은 39.1%로 오프라인 공유가 가장 많았고, 29.8%의 온라인 쇼핑몰 리뷰 및 후기 작성 응답이 뒤를 이었다. 시장에서 고객의 구매 후기와 리뷰는 업체의 흥망을 좌우할 만큼 대단한 영향을 주는 요소다. 그래서 개인이나 업체 할 거 없이 고객의 리뷰를 한 개라도 더 얻기 위해 후기 마케팅에 열중하고 있다.

잠재고객들이 앞서 구매한 고객들의 후기를 보는 이유는 무엇일까?

여기엔 3가지 이유가 있다.

첫째, 온라인 쇼핑(전자상거래)은 실제로 보고 만지는 등 직접적인 경험을 할 수 없기 때문이다.

구매자는 상품이나 판매자를 직접 볼 수 없다. 그래서 대다수 소비자는 앞선 구매자들의 생생한 후일담에 의존할 수밖에 없는 현실이다.

둘째, 구매에 대한 확신을 얻고자 하기 때문이다.

자신보다 먼저 사용한 사람들의 경험을 통해 상품의 장·단점 등 평판을 살펴보고 분석한다. 이러한 행위를 바탕으로 구매 위험을 줄이려는 목적이다.

셋째, 시간을 아낄 수 있기 때문이다.

몇몇 판매자들이 착각하는 게 하나 있다. 상품 설명이 자세할수록 고객에게 신뢰를 줄 것이라는 착각이다. 하지만 실제로는 상품에 대한 과도한 장점 부각이나 정보 제공이 오히려 소비자들의 구매에 방해가 된다. 상품이나 서비스에 대한 지나친 정보가 오히려 구매자들이 후기에 더 매달리게 만드는 요인으로 꼽힌다. 상품을 구매할 때 가격이나 스펙(사양 등)을 비교하는 일은 번거롭다. 그래서 앞선 구매자들이 비교·분석한 내용이나 평가를 참고해서 시간을 절약한다.

정리하면, 고객들은 앞서 구매한 고객들의 피드백을 보고 '간접 경험', '구매 확신', '시간 절약'이라는 3가지 욕구를 충족시킬 수 있다. 그래서 판매자라면 상품의 구매 후기에 더욱 신경 써야 한다. 구매 후기가 상품에 대한 신뢰를 높이고, 상세페이지(상품 설명)의 가치를 높이는 매우 중요한 요인이다.

후기 개수 VS 만족도

후기가 많을수록 좋을까? 아니면, 별점(만족도)이 높을수록 좋을까?

국제학술지 '심리과학(Psychological Science)'의 2017년 8월 21일 저널 〈The Love of Large Numbers: A Popularity Bias in Consumer Choice〉에서 해답을 찾아볼 수 있다.

미국 스탠퍼드대학 심리학과 교수 데릭 파월Derek Powell 및 연구진은 일반인 138명에게 온라인에서 휴대전화 케이스를 구매하게 하도록 했다. 그리고 후기에 관한 실험을 진행했다. 실험 참가자에게 제시한 휴대전화 케이스 'A상품'은 온라인상에서 만족도를 나타내는 별점이 높았지만, 후기 개수는 많지 않았다. 반면 'B상품'은 별점은 그다지 높지 않았지만, A상품에 비해 리뷰가 125개 더 많았다.

실험 참가자들이 A상품과 B상품 중 어떤 상품을 더 많이 선택했는지 분석한 결과, B상품에 대한 선호도가 더 높았다. 특히 B상품의 후기에는 품질이 별로라거나 디자인이 별로라는 나쁜 후기도 있었음에도 B상품에 대한 선호도가 더 높은 결과가 나왔다.

데릭 파월 교수 연구진은 위 실험을 바탕으로 "온라인 쇼핑몰을 이용하는 사람 대다수는 동일한 등급의 상품이라 하더라도 리뷰 숫자가 많은 상품을 선택하는 경향이 있다."라고 밝혔다. 심지어 "특정 조건에서 사람들은 통계 모델이 전자보다 품질이 더 높을 가능성이 있음을 나타내었음에도 더 적은 리뷰가 있는 제품보다 더 많은 리뷰가 있는 제품을 선호했다. (Under certain conditions, people preferred a product with more reviews to one with fewer reviews even though the statistical model indicated that the latter was likely to be of higher quality than the former)." 라고 말했다.

정리하면, 후기 개수와 만족도는 비례하지 않으며, 고객의 신뢰는 만족도보다는 후기 개수가 구매 결정에 큰 영향을 미친다는 사실이다. 쉽게 말하면 고객은 복잡한 후기를 일일이 다 읽고 분석하기보다 그냥 후기 개수가 많으면 현혹되어 구매하는 경우가 많다. 이 점을 고려해서 스트레스 쌓이기 전에, 일단 고객 후기부터 최대한 많이 쌓아두는 건 어떨까. 별 볼 일 없는 별점까지는 나중에 생각하고.

그래서일까.

아내는 곱창 '리뷰 이벤트'에 참여하면 계란찜이랑 콜라를 공짜로 준다는 말에, 열심히 사진 찍고 있다. ○○ 곱창집 사장님 축하드립니다. (별이 5개) 리뷰 하나 득템!

3. 통계 데이터(객관적/과학적 증거)

→ 옥스퍼드대학 연구 결과, 코로나19 보호 효과가 76%로 3개월간

유지된다고 밝혀진 ㅇㅇ백신!

→ FDA(미국 식품의약국)에서 그 안정성을 인정받은 부작용 없는 ㅇㅇ 식품.

형사소송법 제307조에 따라 범죄사실의 인정은 반드시 증거에 의할 것을 원칙으로 하는 것을 '증거재판주의'라 한다. 유죄를 인정할 때는 증거조사에 따라 확보된 증거능력이 있는 증거에 의한다는 말이다. 근대 국가는 국민의 자유와 권리가 함부로 침해되지 않게 하려고 누구나 납득할 수 있는 '객관적 증거'에 의해서만 사실을 인정한다.

고객도 판사다. 당신의 상품이나 서비스로 인해 소비자로서 자유와 권리가 침해되지 않도록 이해 가능한 객관적 증거가 있어야 믿는다. 보편적으로 인정받는 기관의 통계자료는 신뢰도를 높인다.

내가 영어도 잘 못 하는데, 구글 번역기 돌려가면서 힘들게 (이름부터 불편한) 국제학술지 '심리과학Psychological Science' 저널을 뒤지는 이유도 여기에 있다. 그래야 당신이 내 말(주장)을 믿는 시늉이라도 할 것 아닌가.

4. 인지도(브랜드 이미지/평판)

→ BTS가 1주일에 1번은 꼭 찾는다는 마포의 'ㅇㅇ 순댓국'집입니다.

솔직히 브랜딩이고 마케팅이고 카피고 나발이고, 이 '한 문장'이면 끝이다.

하... 내 '글쓰기 컨설팅'도 BTS가 "너무 재밌어요! 강추!" 이 한마디면 끝인데….

세상에는 여러 병법서가 있는데, 그중 손꼽히는 건 중국 춘추전국시대 손무가 지은《손자병법》과 오기가 지은《오자병법》이 있다. 도교 철학에 기초한 속임수 전술이 돋보이는 손자병법과는 반대로 유교 철학에 기초한 정공법 전략 병법서인 '오자병법'엔 이런 구절이 있다.

"戰勝易 守勝難(전승이 수승난)."

戰勝易(싸움 전, 이길 승, 쉬울 이): 싸워서 이기는 것은 쉬운 일이나,

守勝難(지킬 수, 이길 승, 어려울 난): 그 승리를 지키는 것은 어려운 일이다.

이기는 건 쉬워도 지키는 것은 어렵다는 말이다. 브랜드 정체성, 브랜드 이미지 등 인지도를 만드는 건 쉽다. 그러나 잘 구축된 이미지를 끝까지 유지하는 건 어렵다. 다시 말해 평판관리는 꾸준히 해야 한다는 말이다.

인지도는 식혜 위 밥알이다. 언제 가라앉을지 모른다.

어느 정도 고객들에게 당신의 상품, 서비스 또는 1인기업가로서 각인시켰다면 지금부터가 진짜다. 대부분 여기까지 어렵게 와서 쉽게 간다. 골로. 초심을 잃어서도 안 되고 정체되어서도 안 된다. 타깃(고객)에게 꾸준하게 잘해줘야 한다. 끊임없이 가치를 제공하고 공유해야 지속적인 관계가 유지된다. 이를 '브랜드 충성도'라 부른다.

LESSON 6

식스맨 (Sixth Man)

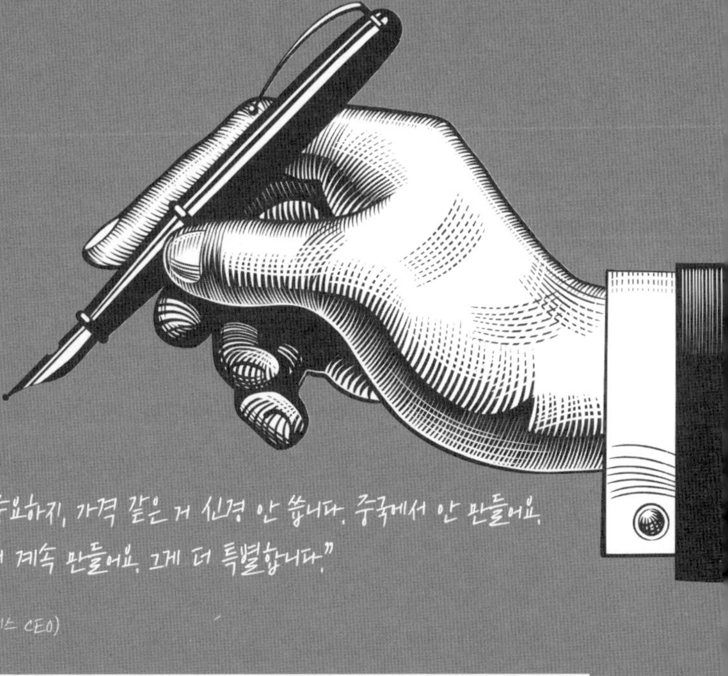

"우리는 품질이 중요하지, 가격 같은 거 신경 안 씁니다. 중국에서 안 만들어요. 우리는 프랑스에서 계속 만들어요. 그게 더 특별합니다."

—패트릭 토머스(에르메스 CEO)

끝날 때까지 끝난 게 아니다

농구에 존재하는 특수한 포지션이 있다. 'Sixth Man.' 말 그대로 6번째 선수다.

경기 선발진(스타팅 멤버)에는 나오지 않고, 중간부터 교체 투입되어 주전급으로 뛰는 선수를 뜻한다. 식스맨들은 팀이 정상적으로 굴러가지 않을 때나 승패를 좌우하는 중요한 상황에선 어김없이 등장한다. 어떻게 보면 개인기와 득점력, 수비력까지 모든 측면에서 팀 내 최고 기량을 가진 선수라고 해도 과언이 아니다. 게다가 모든 포지션을 소화할 수 있고, 일시적으로 식스맨 위주로 팀의 페이스가 급변하기 때문에 카리스마까지 겸비한 전천후인 셈이다. 위기 순간에도 제 실력을 발휘할 수 있는 대담함이 요구되며, 특히 범실(실책)이 적어야 한다.

타깃(잠재고객)이 제목에 이끌려 본문(상세페이지 등)을 클릭했다고 하자.

당신의 이름과 상품 그리고 전문성까지 인지했다. 그러고서 당신(판매자)의 인간적인 모습에 타깃이 자연스럽게 공감했다. 생고생하며 탄생시킨 상품의 스토리까지 읽어 내려가며 서서히 스며든다. 타깃이 잠시 잊고 지냈던 혹은 눈감고 모른 채 덮어두고 싶었던 문제점까지 굳이 까발려지면서 벌거벗겨진 느낌이 들 찰나, 건조기에서 갓 꺼내든 솜이 불처럼 따스하게 온몸을 감싸준다. 지금껏 단 한 번도 경험해보지 못한 독특한 가치와 이미 나와 같은 문제를 지닌 사람들이 경험해보니 좋다고 강력 추천한다는 후기가 쏟아져나온다. 왠지 나도 신청해야 할 것 같은 느낌이 드는 순간.

그 순간에 거침없이 '식스맨'을 투입해야 한다. 지금이 승부처이기 때문이다. 타깃이 다행히도 내가 원하는 방향으로 잘 흘러왔다면 여기에서 구매 쐐기를 박아야 한다. 설령 아직도 망설이거나 부정적인 선택을 할 가능성이 더 큰 상태라고 해도 상관없다. 여기에서 투입된 식스맨의 활약으로 기울어진 코트의 분위기를 180도 역전시킬 수 있기 때문이다. 득점력을 가진 독불장군 스타일의 선수가 식스맨에 적합하듯, 구매전환력과 독불장군처럼 "넌 무조건 구매를 해야 해, 이거 지금 안 사면 바보고 너만 손해야!"라며 마지막에 혼자서라도 강하게 밀어붙여야 한다.

혹시 모를 실책의 경우를 대비해 식스맨은 2명을 투입한다.

'제한'과 '클로징'이다.

9단계: 제한의 법칙
<똥줄 태우는 공식>

한번 생각해 보자.

"다음에 밥 한번 먹자."라고 말하는 사람과 밥 먹은 적이 있는지.

상대방에게 그 자리에서 구체적으로 몇 월, 며칠, 몇 시, 어디에서 만날지 쐐기를 박지 않으면 그저 의미 없는 인사치레밖에 안 된다. 참고로 나는 매년 '10월 18일'만 아니면 당신과 언제든지 식사할 수 있다.

PS. 10월 18일은 다른 말로 '결혼기념일'이라고 부르기도 한다.

❶ 구, 팔, 칠, 육, 오, 사, 삼, 이, 일, 땡! 선착순 1명!

세상에서 가장 무서운 사람이 누굴까? (1탄)

가진 게 없어서 잃을 것도 없는 사람? 아니다. 진짜 무서운 놈은 절대로 잃어선 안 될 것을 '딱 하나' 가지고 있는 놈이다.

우리 엄마가 TV 홈쇼핑을 보다가 정신을 놓을 때가 있다. 바로 땡땡! 종소리가 경쾌하게 울리면서 매진 임박이라는 빨간 글씨가 커졌다가 작아지기를 반복하고 있을 때다.

"딱 100개만 프랑스에서 공수해온 기능성 미백 화장품, 말씀드리는 순간 단 17개밖에 안 남았습니다."

한정판은 수량을 제한함으로써 사람들 정신을 쏙 빼놓게 만들기 딱 좋다.

(빈칸)을 채워보자.

▶ 단 (100부) 한정 제공!

▶ 선착순 (○ ○)명에게만 판매합니다.

▶ 선착순 (○ ○ ○)명만 신청받고 이후, 절대 추가 신청받지 않습니다.

▶ 매일 딱, (○ ○ ○) 그릇만 판매하는 ○ ○ 국밥 전문점입니다.

❷ 단 '하루'의 기적! 오늘 이후 영원히 없습니다!

세상에서 가장 무서운 사람이 누굴까? (2탄)

화려했던 과거에 얽매여 매일 술로 지내는 사람? 꿈꾸는 미래가 하루아침에 잿빛으로 변해 좌절 중인 사람? 아니다. 진짜 무서운 사람은, '오늘만 사는 사람'이다.

시한부 판정을 받게 되면 하루하루가 소중하게 느껴진다고 한다. 고대 그리스 3대 비극 시인 중 한 명인 소포클레스는 시간의 소중함을 이렇게 표현하기도 했다.

"네가 헛되이 보낸 오늘은 어제 죽은 이가 그토록 그리던 내일이다."

그렇다. 시간은 유한하다. 인생은 즐기기에도 너무 짧다. 고민하지 말자.

실제로 망설임은 택배 배송만 늦출 뿐이다.

시간을 제한함으로써 사람들을 긴장시키고 빠른 행동을 촉구한다.

(빈칸)을 채워보자.

▶ 오늘 단 하루, 특가! (숫자)명에게만 판매합니다.

▶ 난리 났네! 난리 났어. 할인율 대박! 딱 오늘만 이 (가격)으로 드립니다.

▶ 24시간 한정 무료 배포! (제품/소책자) 받으러 가기 클릭!

▶ 딱, (날짜: ㅇ월 ㅇ일 or 며칠)까지만 (숫자)% 파격 세일 진행합니다.

▶ (오후 3시) 이전까지 구매하면 당일 배송됩니다.

❸ '30만 원 이상 구매 고객'에 한해 1만 원 상품권 제공

세상에서 가장 무서운 사람이 누굴까? (3탄)

돈도 빽도 쥐뿔도 없는 가난한 사람? 무식하면 용감하다고, 눈에 보이는 게 없는 사람? 아니다. 갑질하고 사람 무시하는 진짜 무서운 사람은 돈도 빽도 다 가진 VVIP 멤버 상류층이다.

띵동! 신한카드에서 문자 한 통이 왔다. 내가 무슨 '등급'이 올라갔다고 한다. 그래서 각종 혜택이 추가된 멤버십을 이용하라고 안내까지 해준다. 쓸데없이 친절하게. 그럴 바엔 카드 연회비나 깎아주지.

흔히 카드사의 할인 폭을 보면 '전월 실적'이라는 것이 존재한다. 얼마 이상 쓰면 얼마를 더 할인해준다거나 멤버십 혜택을 올려주는 상술이다. 그리고 마트나 백화점 등에서 주말 한시적으로 '얼마 이상을 구매한 고객'에 한해 '얼마의 상품권'을 준다는 상술을 벌인다. 그 1만 원짜리 상품권 하나 받자고 꾸역꾸역 30만 원을 쓰는 사람이 있다. 나는 그런 사람과 한 이불을 덮고 있고.

자격을 제한함으로써 사람들을 긴장시키고 빠른 행동을 촉구한다.

(빈칸)을 채워보자.

▶ 아직, (솔로)인 분 꼭 보세요!.

▶ 오직, (1978년)생만 모십니다.

▶ 대한민국 (1000만 탈모인들)만 클릭하세요!

▶ (2021년 수능시험 수험표를 지참하신 분)에 한해 50% 할인

사람 똥줄 태우는 건 루이비똥이 아니라
명품 중의 명품이라 불리는 '에르메스'다.

"5년은 기다리셔야 하는데요."

"It's not a bag.

It's a Birkin"

- 〈Sex and the City〉 중에서.

수많은 셀럽의 사진 속 그리고 뉴스(?)에서만 볼 수 있는 브랜드. 그러나 실제로 볼 수 없는 상상 속 동물 같은 버킨백. 세계 최고의 명품 패션 브랜드. 명품 중의 명품. 모든 명품의 끝판왕. 명품의 끝.

'에르메스'다.

우리나라에선 특히 로비에 사용되는 물건, 뇌물의 도구로써 그 가치를 더 견고히 하는 에르메스 백. 돈이 아무리 많아도 절대 유명한 명품 백을 쉽게 살 수 없다. 철저하게 회원 즉 멤버십으로만 판매·운영하고 평소 구매내역(마일리지 등)에 따라서 등급을 나누고 구매목록을 차별화시킨다. 멤버십 자격을 한정시키고, 판매하는 가방의 수량을 제한한다. 그리고 신상품을 언제 공개할지 알려주지 않고, 공개하더라도 24시간, 하루가 채 지나지 않아 매진된다. 그래도 못 사서 안달이다.

마지막으로 안달이 날 수밖에 없는 한 방은 가죽제품을 책임지고 평생 A/S 해준다는 점이다.

이처럼 에르메스는 일부러 사람을 피 말리게 하는 전략을 쓴다.

돈이 있어도 가방을 사려면 몇 달에서 몇 년까지 기다려야 한다. 그마저도 쉽게 기회를 주지 않는다. 다른 명품 브랜드와는 다르게 에르메스는 자체적으로 고객들을 선별해 구매할 기회를 준다.

돈 주고 사겠다는데 왜 안 파냐고?

대답은 에르메스 전 CEO 패트릭 토머스의 말로 대신한다.

"우리는 품질이 중요하지, 가격 같은 거 신경 안 씁니다. 중국에서 안 만들어요. 우리는 프랑스에서 계속 만들어요. 그게 더 특별합니다."

이것이 당신과 내가 추구해야 할 가장 이상적인 프로모션 전략이다.

10단계: 유혹의 정점 〈클로징 공식〉

자, 이제 다 왔다!

진짜 마지막 끝판왕이다. 4글자로 〈신의 한 수〉를 둬야 할 타이밍이다. 안 사고는 못 배기게 쐐기를 단단히 박아야 한다!

❶ 19세 이상 관람가!

영화의 '등급분류 기준'을 보면, 최고 연령등급인 〈청소년관람 불가〉의 기준이 되기 위해 몇 가지 필요한 요소가 있다. 그중 폭력성, 선정성, 공포, 약물 사용 등의 요소가 '지나치게 구체적이고 직접적이며 노골적인 것이다.'라고 명시되어 있다.

당신의 클로징도 '청소년관람 불가' 등급을 받기 위해 최선을 다하면 된다.

마지막 한 문장(클로징 문구)은 팩트폭력으로 보다 잔인하게, 화끈하고 섹시하며 보다 선정적으로, 때론 겁을 줘서 빨리 안 사면 보다 공포스럽게, 약에 취한 듯 정신 못 차릴 만큼 중독성 있게 쓰면 된다.

남편이 젊은 여자와 바람나 이혼한 여자에게 운동기구를 파는 세일즈맨은 이렇게 '클로징 멘트'를 날려 유혹한다.

"사모님, 전 남편의 애인도 이걸로 몸매관리를 했답니다."

❷ 이거 방탄유리야 개XX야! "아직 한 발 남았다."

영화 〈아저씨〉의 명대사다. 방탄유리 믿고 깝죽거리던 악당은 결국 마지막 한 발에 헤드샷으로 갔다. 골로.

당신의 클로징도 〈헤드샷 한 줄〉이 되어야 비로소 팔린다.

마지막 '한 발(한 문장)' 작성법 '2가지'

1. 묻고 더블로 가!

(빈칸)을 채워보자.

▶ 이거 팔고 (장사 접을 겁니다!) 전 품목 (90)% 할인!

▶ 이번에 (제품/특강) 신청하신 분들은 특별히 (30% 할인권)

+(30일 무료이용권) +시중가 (3만 원) 사은품까지 모두 드립니다.

2. 살려는 드릴게!

(빈칸)을 채워보자.

▶ 만약 써보시고 효과가 없다면 (1달/30일) 이내 100% 환불해 드립니다.

❸ 쏘나타를 사면, 그랜저를 드립니다

배보다 배꼽이 더 큰 경우다. 이왕 쏘는 거 (판매자가 손해 보는 것처럼 보이게) 사장이 미쳐서 화끈하게 쏜다는 느낌을 제대로 주는 기법이다. 반대로 구매자는 '완전 이득'이라는 느낌을 팍팍 받게 된다.

간단하다. 10만 원짜리 제품 파는데 15만 원 상당의 사은품을 덤으로 주면 된다.

(물론 15만 원 상당이라 쓰고, 대량 구매하면 1/3값 이하로 사 와야 한다)

(빈칸)을 채워보자.

▶ (9만 원) 1Day 특강/컨설팅을 신청하신 분만 특별히
(15만 원) 상당의 (소책자 3권)을 무료로 제공해 드립니다.

자, 지금까지 살펴본 1~10단계까지 정리를 해보자

보기 쉽게! 깔끔하게! 센스있게!

[10가지 심리적 '허들'과 넘는 '비법' 총정리]

1. 뭐야, 또 광고잖아!

→ 유혹하는 제목 짓기(타깃/이익/수량 등 제시)

2. 근데, 누구냐 넌?

→ 정체를 밝힌다(네이밍, 퍼스널 브랜딩/태그라인)

3. 그건 잘난 사람 얘기고

→ 공감해주기(나도 그래! 독자와 동일시하기)

4. 널 어떻게 믿냐?

→ 신화를 통한 전문성 어필(탄생/영웅/성공 스토리)

5. 문제를 나도 잘 몰라

→ 문제 제기, 문제 세분화, 문제 심화시키기

6. 해결책도 몰라

→ 솔루션(해결 방안) 제시하기

7. 이걸 왜 꼭 사야 하지?

→ 차별화 전략(Only 1 & No. 1)

8. 상품을 어떻게 믿지?

→ 증거 제시(사회적 증거/후기/통계/인지도)

9. 지금 말고, 다음에…

→ 촉구하기(시간/ 수량/자격의 제한)

10. 진짜 잘하는 짓일까?

→ 쐐기!(헤드샷 한 줄_배보다 더 큰 배꼽/환불)

LESSON 7

생각도 사치다. (빈칸)만 채우면 끝!

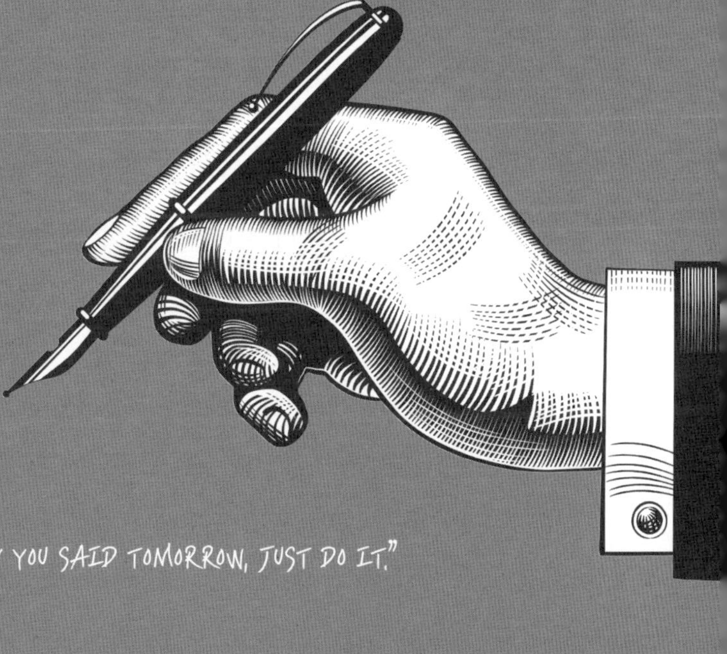

"YESTERDAY YOU SAID TOMORROW, JUST DO IT."

– NIKE

Dear Eva
(Eva Hesse: 에바 헤세, 미국 조각가)

세상을 향해 가끔 "꺼져"라고 말할 줄 알아야 해.
넌 그럴 권리가 있어.

멋있어 보이려는 생각 좀 버려. 너만의 볼품없는 모습을 창조하라고. 너만의, 너만의 세상을 만들라고.

만약 겁나면, 그 두려움을 구체화해서 너를 돕도록 만들라고. 두려움과 불안에 대해 그려. 색칠해!

이제 크고 깊은 그런 걱정들도 좀 그만해. 가령 '인생의 목적과 방향 정하기' 같은 것들. 불가능한 상상 속의 결말에 대한 갈망 같은 걱정들 말이야. 바보 같고, 멍청하고, 생각 없이 마음을 비우는 연습이 필요해. 그럼 넌 할 수 있을 거야. 그냥 해!

'그냥 하자'라는 마음으로 하면 좀 더 나을 거야. 쓸데없는 생각 없이 말이야. 네가 뭔가 했고 끝났으면, 그냥 그걸로 끝이야. 세상에 대한 너의 책임 따위는 없어. 오직 네 일에만 책임이 있을 뿐이야.

그러니 그냥 좀 해!

이런 생각도 집어치워. 네가 하려는 일이 이미 정해져 있다는 생각 말이야. 그건 네가 원하는 무엇이든 될 수 있어. 그리고 네가 한 일을 정당화할 필요도 없다는 걸 알아야 해. 너 스스로조차. 너도 네 능력을 믿어야만 해. 그럴 거라고 믿어. 그러니까 네가 할 수 있는 가장 터무니없는 걸 시도해봐. 자신을 놀라게 해봐. 네 안에는 뭐든 할 수 있는 능력이 있어. 그것이 무엇이든.

그만 생각하고, 그만 걱정하고, 불안해하지 말고,

망설이고, 의심하고, 두려워하고, 상처받지 말고,

쉬운 길만 찾지 말고, 혼자 낑낑거리며 몸부림치지 말고, 욕심부리지 말고,

혼란스러워하고, 가려워하고, 긁고, 머뭇거리지도, 우왕좌왕하고, 투덜거리고, 초라해하고, 휘청거리지도 말고,

조작하고, 횡설수설하고, 도박하고, 구르지도 말고,

문지르고, 밀쳐내고, 꽉 묶어버리고, 깨버리지도, 욕하지도, 신음 내고, 끙끙 앓지도, 불평하지도 말고,

분석하지도, 허튼소리 하지도, 따지지도 말고,

트집 잡고, 찝찝해하고, 오지랖 떨고, 쓸데없는 짓도 하지 말고,

눈알을 찌르지도, 손가락질하지도, 훔쳐보지도 말고,

한참 기다리고, 찔끔찔끔 가고, 째려보고, 아첨하지도 말고,

찾지도, 앉아서 쉬지도, 이름에 먹칠하지도 말고,

스스로 갉아먹고, 갉아먹고, 또 갉아먹고, 또 갉아먹지 말고!

제발 다 그만두고, 그냥 좀 해!!!

-'솔 르윗Sol Lewitt의 편지글' 중에서.

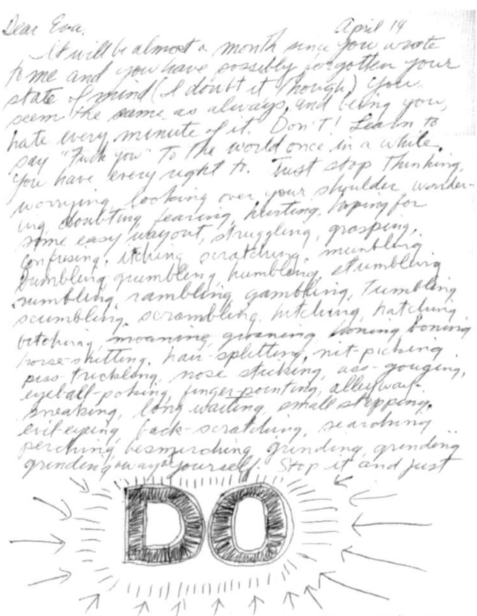

Dear Eva, April 14

It will be almost a month since you wrote to me and you have possibly forgotten your state of mind (I doubt it though). You seem the same as always, and being you, hate every minute of it. Don't! Learn to say "Fuck you" to the world once in a while. You have every right to. Just stop thinking, worrying, looking over your shoulder, wondering, doubting, fearing, hurting, hoping for some easy way out, struggling, grasping, confusing, itching, scratching, mumbling, bumbling, grumbling, humbling, stumbling, numbling, rambling, gambling, tumbling, scumbling, scrambling, hitching, hatching, bitching, moaning, groaning, honing, boning, horse-shitting, hair-splitting, nit-picking, piss-trickling, nose sticking, ass-gouging, eyeball-poking, finger-pointing, alleyway-sneaking, long waiting, small stepping, evil-eyeing, back-scratching, searching, perching, besmirching, grinding, grinding, grinding away at yourself. Stop it and just

DO

그만 생각하고

그냥 쓰면 된다.

고민하지 말고,
그냥 집어넣어라!

자, 돌발 퀴즈!

[상황]

오빠! 나 오늘부터 제대로 다이어트 할 거야.

못 믿겠다는 그 표정 뭐야?

나 기분 나빠졌어.

치킨 시켜줘 !!

Q. 위 상황에서 〈오빠〉가 즉시 취해야 할 행동은 무엇입니까?

단언컨대

고민하는 순간, 생닭 대신 당신이 튀겨진다. 뭘 고민하고 있는가. 우리가 '어떤 민족'인지만 생각해 본다면 '답'은 바로 나오는데.

그렇다. 글쓰기도.

고민만 하다가는 손도 못 써보고 170도 기름 속에서 고통스럽게 튀겨질 뿐이다. 오빠는 빨리 치킨을 시켜서 그녀 입에 닭 다리를 집어넣어야 한다. 당신은 바로 (빈칸)에 본인의 아이템(콘텐츠)만 집어넣으면 된다.

의심하지 말 것! 내 말과 당신의 무한한 가능성을.

Oh… 이런, '10문장'이 넘는다면?

독일 통일을 이룬 헬무트 콜 총리. 어느 날, 그가 정원을 청소하다가 수류탄 세 개를 주웠다. 아내와 함께 그 수류탄을 경찰서에 가져가는데, 아내가 걱정스럽게 말했다.

"여보… 경찰서까지 가는 도중에 수류탄 하나가 터지면 어떡하죠?"

그러자, 콜 총리가 잠시 생각하더니 말했다.

"걱정하지 마, 그럼 경찰에게 두 개를 주웠다고 말하면 되잖아."

할 말이 많아서 혹시 '10문장'이 넘었다고?

괜찮다. 걱정할 필요 없다.

넘는 문장은 하나씩 터트리면 된다. 혹시 무서워서 못 터트리겠다면, 제목을 바꿔버리면 된다.

예를 들어 최대한 함축적으로 썼는데도 불구하고 14문장이 돼버렸다면?

〈14문장으로 내 상품을 비싸게 판매하는 궁극의 글쓰기〉라고 말하면 된다.

그리고 이왕 늘리는 거 제대로 더 늘려서 이미지(사진 등)도 넣으면 상품판매용 정식 '상세페이지'가 된다. 상세페이지 받고, 목차·사례 및 구체적인 문제점과 솔루션까지 넣어 더 늘려버리면 한 권의 '책'이 만들어진다.

이 책도 처음엔 단 '10문장'에서 시작했다.

〈부록〉 사례 3-❶기본 편 참고.

에필로그

당신의 상품이 비싸야 하는 이유

나의 시그니처 '위트 있는 글쓰기' 1:1 컨설팅 비용은 5,700만 원이다.

혹시 비싸다고 생각하는가?

맞다. 누군가에겐 비싸다.

노벨상은 심사위원들의 엄격한 심사를 거친다.

'귀하를 1953년도 노벨문학상 수상자'로 정했습니다. 수상작은 귀하의 저서 '제2차 세계대전 회고록입니다.'라는 전보를 읽고 난 처칠은 답장을 썼다.

톨스토이도 받지 못한 노벨상을 제가 수상하다는 것은 개인적으로 대단히 기쁜 일입니다. 그러나 자필인지 대필인지조차 구별하지 못하는 형편없는 심사위원들에 의해 수상을 하게 되었다는 것이 유감입니다.

"저의 '회고록'은 보좌관들이 대필해 준 것이거든요."

-《성공한 리더는 유머로 말한다》, 박재준·민현기·이상구, 미래지식.

나는 오직 단 한 명만을 위해 온 정성을 다해 글쓰기를 컨설팅한다. 기꺼이 단 한 명만을 위한 글쓰기 보좌관이 되어준다는 말이다.

노벨상을 원하는 위대한 리더만 내게 연락하면 된다.

누구나 내게 글쓰기를 배우고 싶다며 돈을 들고 찾아온다.

그러나 나는 아무나 컨설팅하지 않는다. 오직 영리하며 개방적이고 전향적으로 사고하며, 전문가의 조언을 존중하고 높이 평가할 수 있을 것으로 판단되는 극소수만 선별해서 컨설팅의 기회를 부여한다. 타인에게 긍정적이고 선한 영향력을 주고자 하는 비전을 지닌 위대한 리더만을 대상으로 한다.

당신은
아직도 비싸다고 생각하는가?
아니면 스스로가 위대한 리더로서 자질이 없다고 생각하는가?

나는 이 책이 팔릴수록 손해를 본다.

이 책엔 내가 글쓰기 컨설팅을 할 때, 실제 본보기로 사용하는 사례와 코칭 매뉴얼이 그대로 들어가 있다. 현재 글쓰기 〈레벨2: 130만 원〉 컨설팅 미션의 한 부분이기도 하다. 분량으로만 따지면 8분의 1이다. 이는 단순히 산술적으로 계산해도 162,500원(130만 원/8)이 된다. 그런데 책은 13,000원에 판다. 결론적으로 나는 이 책을 1권 판매할 때마다 고스란히 '-149,500원'의 손실이 발생한다. 그러나 저자로서 인세의 개념으로 수입이 발생하는 구조라는 걸 고려한다면, 실제로 남는 게 거의 없다.

그렇다면 누군가는 이렇게 반박할 수도 있을 것이다.

"이 책은 '1:1 핑크펜 첨삭'이 포함되어 있지 않기 때문에 더 저렴해야 하는 건, 당연한 거 아닌가?"

물론, 내가 직접 개입해서 첨삭하는 서비스가 제외된 것이 사실이다. 하지만 나의 직접적인 개입이 전혀 필요 없을 만큼 아주 쉽고 자세하며 게다가 (행여나 혼자 지루할까 봐) 재미있게 써놨다. 단언컨대 지구상에 이런 글쓰기 책은 존재하지 않는다. 앞으로도. **내가 또 쓰기 전까지는.**

절판된 몇몇 책이 중고시장 등에서 몇십만 원에 거래되는 걸 심심찮게 볼 수 있다. 이런 현상에 비춰봤을 때 이 책은 57만 원 그 이상의 충분한 가치가 있다. 너무 비싸다고 생각하는가? 너무 허무맹랑한 주장이라고 생각하는가?

그렇다면 당신에게 질문 하나만 하겠다.

"내가 당신에게 57만 원을 줄 테니, 이 책보다 **'마케팅·세일즈 등 비즈니스 글쓰기 솔루션'**을 쉬운 예시로, 아주 세세하게 그리고 심지어 '재밌게' 쓰인 책이나 전자책, 소책자(PDF) 등 뭐든 좋으니 딱 '한 권'만 찾아올 수 있겠는가?

혹은, 당신이 직접 쓸 수 있겠는가?"

당신은 내 질문에

바로 대답을 못 하거나, YES라고 자신 있게 대답할 수 없다.

이것이 바로,

내 상품이 비싸야 하는 이유다.

타깃(잠재고객)에게 내가 제시한 가격을 반박할 수 없게 만들어야 한다.

여기서 반박은 내 주장에 반대하여 말함을 뜻한다. 상대가 내 말에 반대한다는 건, 내 제안을 따르지 않는다는 것이다. 이는 곧 상대가 내 말에 '설득되지 않았다'라는 말이다.

그렇다면 상대를 '반박할 수 없게 만든다'라는 것은 무엇인가.

결국, 상대를 '설득한다'라는 말과 같다. 상대를 설득하기 위해서는 지금까지 내가 제시한 10가지 '심리적 허들'을 넘으면 된다. 그 방법은 이미 자세하게 그리고 충분히 설명했다. 당신은 이 책에서 제시한 그대로만 따라 하면 된다. 그러면 상대는 설득된다. 상대가 설득되면 당신의 주장을 따른다. 타깃이 당신의 주장을 따른다는 건, 당신의 의견에 반대하여 말하지 않는다는 것과 같다. 다시 말해 상대는 더는 당신에게 반박할 수 없게 된다. 상대방이 반박하지 못한다는 건 '당신의 상품을 사지 않을 이유(명분)'도 없다는 말이다.

즉 상대를 반박할 수 없게 만들 수만 있다면, 비싸도 무조건 팔린다.

이것이 바로, 당신의 상품이 비싸야 하는 이유다.

부 록

[부록]이라 쓰고, 부자 되는 어록이라 읽는다

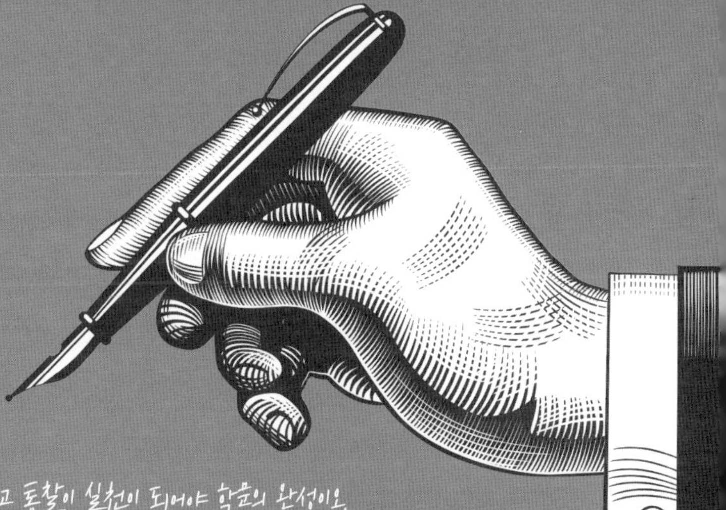

"앎이 통찰이 되고 통찰이 실천이 되어야 학문의 완성이오.
과인이 두둔하고 부덕하여 아직 학문의 완성을 논할 단계는 아니지만
제왕의 경연, 그 요체는 실천이 이어지는 학문이 되어야 하지 않겠소?"

—영화 〈역린〉 중에서.

10문장(단계) 마케팅 글쓰기 실제 적용사례 ❶

〈기술·마케팅 전문가〉 황○○ 님

[자동차 정비업체 대표라면, 단 200만 원 투자로 1년 안에 1억을 벌 수 있습니다.]

저는 자동차 정비업체 서포터이자 〈기술·마케팅 전문가〉 황○○입니다.

그러나 타고난 정비 기술자가 아니었습니다.

21년 전 정비업체를 크게 운영했지만, 5년 전 무려 21억의 빚만 지고 길바닥에 나앉는 신세가 되기도 했습니다. 그 뒤로 세차부터 정비까지, 다시 밑바닥부터 차근차근 준비했습니다. 경제적으로 힘들었지만, 교육에만큼은 1억 원을 투자할 만큼 아끼지 않았습니다. 그 결과 7D를 개발할 수 있었습니다.

현재 정비사들이 진짜 '기술'로 돈을 벌어야 하는데, 대부분 '기능'으로만 소액을 벌고 있습니다.

도대체 어떻게 기술로 돈을 벌어야 하는지 몰라서 고민하고, 주야장천 한 가지 기능만 가지고 하루하루 버티는 분들은 꼭 〈기술·마케팅 강의〉를 신청하세요.

단 1회 교육만으로 기술과 수익, 두 마리 토끼를 잡아드립니다.

대한민국 유일의 기술·마케팅 강의로, 배우자마자 바로 돈이 되는 〈7D 커리큘럼〉입니다.

현재 1년에 300군데 넘는 정비업체를 교육, 맞춤형 컨설팅까지 제공하고 있습니다.

2월 15일까지, 선착순 20업체만 한정 (추가 신청받지 않습니다.)

특별히, 이번 교육 참가업체에 제가 1억을 투자해서 배운 〈마케팅 툴〉에 대한 컨설팅을 추가로 제공합니다.

[교육문의: 〈기술·마케팅 전문가〉 황○ ○ 010-9××7-8××5]

※ 위 카피는 '총 14문장'이다. (교육문의 부분 제외)

일부러 문장을 짧게 끊었기 때문이다. 얼마든지 10문장으로 줄일 수도, 24문장으로 늘릴 수도 있다. 그리고 위 사례 속 황 대표님은 찐 전문가다.

10문장(단계) 마케팅 글쓰기 실제 적용사례 ❷

〈대한민국 유머코치〉 최○○ 님

[유머는 매월 글로 배우는 겁니다]

저는 월간 〈유머리더십 매거진〉을 만든 '유머코치' 최○○입니다.

원래 유머 감각이라곤, 하나도 없는 사람이었습니다.

19년 전 갑작스럽게 2억 6,000만 원이 넘는 빚으로 신용불량자가 되었고, 어떻게든 현실을 이겨내 보려고 유머를 연습한 결과 그저 '웃고 넘기는 유머'가 아니라 '사람을 살리는 유머'의 힘을 발견했습니다.

가족이든 청중이든 누군가를 웃겨주고 싶고, 인생을 즐겁게 살아가고 싶은데 '도대체 어떻게 해야 유머러스한 사람'이 되는지 몰라서 그저 인터넷으로 '유머'만 검색하시는 분들은 월간 〈유머리더십 매거진〉을 꼭 구독하셔야 합니다.

읽고 나서 바로 써먹을 수 있는 고급 유머와 활용 노하우입니다.

인터넷에 떠도는 그런 수준 낮고 흔한 유머(아재개그 등)와는 차원이 다릅니다.

19년 동안 유머코치로서 8권의 책 출간, 기업체 강의, 그룹/개인/CEO 코칭했던 실제 프로그램입니다.

(실제 프로필 & 사례 제시_ 강의/코칭프로그램 소개 글 링크 삽입)

1월 한정, 선착순 300분만 신청받겠습니다. (추가 신청 X)

PS. 매거진 창간 기념으로 300분께는 특별히 50% 할인된 금액 6만 원(정가 12만 원)에 제공합니다.

※ 월간 〈유머리더십 매거진〉은 단 2주 만에 300부 완판되었다. 가격은 곧 오른다고 한다. 그리고 위 '유머코치님'은 전문가가 아니다. 대한민국 유머의 지존이다.

10문장(단계) 마케팅 글쓰기 실제 적용사례 ❸

1. 기본 편

[딱 '10문장'만으로 마케팅 글쓰기의 고민을 확 날려드립니다.]

→ 1문장: 유혹하는 제목

저는 소상공인(1인 기업, 자영업자 등)을 위한 글쓰기 컨설턴트이자 〈10S 카피라이터 이용만〉입니다.

→ 2문장: 정체를 밝힘

그러나 학창시절 그 흔한 백일장 상장을 단 한 번도 받아본 적이 없는 사람입니다.

→ 3문장: 공감을 자극

11년 전 길바닥에서 영업을 시작, 지하철 1호선~9호선까지 매일 타고 다니면서 '단 1번의 기회, 단 1분' 안에 제품을 파는 비법 그리고 수백 번의 카피를 쓰면서 '무조건 팔리는 카피 공식'을 터득했습니다.

→ 4문장: 탄생 스토리

강의(콘텐츠)든 제품이든 서비스든 무엇인가를 팔아야 하는데, 어떻게 글을 써야 할지 밤새 머리를 쥐어뜯으시는 분들은 반드시 신청하세요.

→ 5문장: 문제 제시

그대로 따라만 쓰면 바로 팔리는, 인간의 구매 심리를 자극하는 무적의 〈10S 카피 공식〉을 1:1로 알려드립니다.

→ 6문장: 해결 방안 제시

외국책을 번역한 이론에 치우친 기존의 원론적인 카피라이팅 코칭과는 달리, 배우자마자 10분 만에 바로 씁니다.

→ 7문장: 차별화 전략

제가 진행하는 카피라이팅이 포함된 1:1 글쓰기 컨설팅 비용은 5,700만 원입니다. (https://blog.naver.com/ymlee0070/222206224717)

→ 8문장: 증거 제시

단, 선착순 100명 한정으로 1/100 가격 57만 원에 '10S 카피라이팅' 1:1 코칭(2H)해 드립니다.

→ 9문장: 촉구(수량 제한)

※특별히 100분께는 제가 책임지고 〈평생 A/S〉를 해드리겠습니다.※

→ 10문장: 쐐기(평생 A/S)

10문장(단계) 마케팅 글쓰기 실제 적용사례 ❹

2. 심화 편

알려주기 싫다.

이건 진짜 영업비밀인데.

[딱 2가지만 활용하면 지인, 고객, 이성 그리고 아버지의 원수까지 웃길 수 있습니다.]

→ 1단계: 숫자와 타깃을 포함한 제목 뽑는 공식+반전 삽입

저는 지구상에서 유일한 〈위트코치〉 겸, 재미있는 글을 쓰는 〈글쓰기 컨설턴트〉 이용만입니다.

사실 위트 감각은 타고나야 합니다. 그리고 타고난 사람은 그렇지 않아 보이는 사람에게 그 감각(재능)을 알려주기란 절대 쉽지 않습니다. 사실 불가능에 가깝습니다. 축구의 전설로 불리는 차범근이 국가대표 감독하다 금방 잘린 것만 봐도 알 수 있죠. 당신은 지금 불가능에 도전해 성공한, 유일무이한 사람의 글을 읽고 있습니다.

→ 2단계: 네이밍 세팅(태그라인) 공식+비유+반전 삽입

참고로 저는 학창 시절 있는 듯 없는 듯 아주 조용한 학생이었습니다. 말수도 적었고, 친구들을 모아놓고 웃겨주는 그런 사람과는 철저하게 거리두기 3단계를 유지했습니다. 그러고 보니 30년 전부터 이미 5인 이상 집합금지를 자발적으로 실천하고 있었네요.

그렇다고 제가 원래 글을 잘 썼느냐? 그것도 아닙니다. 태어나서 단 한 번도 백일장 상장을 받아본 적이 없으니까요.

→ 3단계: 공감을 자극하는 야, 나두 공식+비유 삽입

문제는 제 나이 스무 살에 발생했습니다. '대학교'라는 신세계가 눈앞에 펼쳐진 것이죠. 남중, 남고를 졸업하고 맞닥뜨린 'XX 염색체'는 제게 잠재돼 있던 감각을 깨워주기에 충분했습니다. 물론 소수 XX 염색체였지만.

아무튼, 문제는 '어떻게 여자에게 접근하고 대화를 하고, 내 편으로 만드는 방법을 모른다'라는 사실이었죠. 그러던 중에 여자들에게 호감을 주는 남자 1순위가 '유머 감각'이라는 기사를 봤습니다. 그땐 미처 몰랐습니다. 0순위는 'LH 직원'이었다는걸.

그때부터 목표가 생겼습니다. 일단 웃겨야 한다. 어떻게 웃길 것인가? 그것도 내가 원하는 타깃(예쁜) 여자들만. 일단 데이터베이스를 모았습니다. 쉽게 말해 맘에 드는 이성의 연락처를 모든 인맥을 동원해 수

집하는 거죠. 그렇게 연락처를 모아놓고 문자 메시지를 보냅니다. 씹히고 까이고를 반복하다가 한 가지 방법을 터득하기에 이릅니다. 이후 첫 만남에서 위트로 대화를 이끄는 법에서 내 편으로 만드는 방법까지 깨닫게 됩니다.

이러한 방법으로 한 여자를 평생 내 편으로 만들었고, 저는 그렇게 아주 완벽히 웃긴 사람이 되었습니다. 지금부터 그 방법의 핵심 2가지를 공개하려고 합니다.

→ 4단계: 영웅의 탄생, 성공 신화 같은 스토리 포장 공식+비유+반전 삽입+주제 제시

타고난 재능도 발견하지 못하면 평생 모른 채 죽습니다. 그리고 재능을 찾더라도 갈고닦지 않으면 퇴화합니다. 모든 인간은 저마다 다른 위트 감각을 타고난다고 어디서 주워들었습니다. 당신의 숨겨진 감각까지 찾아드립니다.

지금부터 '내 얘기다' 하시는 분들은 빨리 신청하세요. 단 1가지라도.

1. 내 글을 내가 읽어도 재미가 없다.
2. 활발하던 단톡방에 내가 글만 쓰면 갑자기 대화가 뚝 끊긴다.
3. 내가 보낸 메시지에 숫자 '1'이 지워졌는데도 답장이 없다.
4. 블로그 1일 1포스팅 하는데, 사람들이 쳐다도 안 본다.

5. 열심히 한 편의 글을 썼는데, 끝까지 안 읽고 나가버린다.

6. 내 상품은 참 좋은데, 이걸 어떻게 표현해야 할지 모르겠다.

7. 뭐라도 팔아야 하는데, 고객을 유혹하는 글을 못 쓰겠다.

8. 누군가를 웃겨주려고 노력해도 매번 실패만 하고 있다.

9. 어디 가서 유머러스한 사람이라는 말을 듣고 싶다.

10. 나도 좀 이번 생에 글을 재미있게 쓰고 싶다.

11. 여기까지 넋 놓고 '맞아, 맞아' 하면서 다 읽고 있는 당신까지!

→ 5단계: 문제를 10가지로 세분화/심화 공식+반전(공감대 형성)

일단, 무조건 신청부터 하고 보세요.

신청하기 전까지는 이 모든 것이 당신의 걱정이지만, 신청 후엔 다 제 걱정이 되니까요. 쓰레기 종량제 봉투 20리터 약 두 묶음 가격으로 당신의 고민도 깔끔하게 버리세요.

모든 걸 내려놓고, 80분 동안 그냥 앉아서 화면을 쳐다보기만 하면 됩니다. 글을 재미있게 쓰고 싶으면 우선 재미있는 글을 두 눈으로 직접 봐야 합니다. 다시 말해 본인이 먼저 웃고, 재밌게 읽고, 즐거워야 합니다. 그래서 저는 글을 보고, 읽는 즐거움을 선사합니다. 내가 먼저 즐겁고 재미있다면, 이미 상대방은 알아서 웃고 있을 겁니다.

→ 6단계: 짧은 시간, 수동적 행동, 긍정적 결과를 포함한 솔루션 제시. 해결 방안 공식+비유 삽입

혹시 눈치를 채셨는지 모르겠지만,

여기까지 읽으셨다면 당신은 '글이 재미있어지는 모든 기법'을 이미 다 보신 겁니다. 유머와 위트의 핵심이 이 글 처음부터 지금까지 고스란히 다 들어가 있습니다. 실제로 당신에게 다 보여드렸습니다. 당신은 제가 세팅해놓은 단계별로 무의식적으로 글을 쭉 읽고내려왔겠지만.

이것이 진짜 수준 높은 글쓰기 컨설팅입니다. 직접 보여드리는 글.

지금까지 이래라저래라 하는 쓸데없는 글쓰기 강의나 코칭, 컨설팅과의 비교는 거부합니다. 제가 직접 재미를 주는 글쓰기가 무엇인지를 두 눈으로 확인시켜 드리겠습니다. 참고로 이 글은 빙산의 일각에 불과합니다.

→ 7단계: 차별화 'Only One(유일무이)' 공식+반전 삽입

제가 진행하는 1:1 글쓰기 컨설팅 비용은 5,700만 원입니다.

(https://blog.naver.com/ymlee0070/222206224717)

→ 8단계: 사회적 증거(링크) 제시 공식

선착순 '30명'에게만 재미있는 글쓰기 컨설팅의 핵심만 모은 〈재미있는 글쓰기 비법〉 ZOOM 강의(80분)를 단돈 '3만 원'에 초대합니다. 참고로 제가 처음으로 하는 ZOOM 글쓰기 특강입니다. 저는 철저하게 비공식 1:1 고액 컨설팅만 합니다.

아마도 글쓰기 ZOOM 강의는 처음이자 마지막이 될지도 모릅니다.

→ 9단계: 제한의 법칙! 똥줄 태우는 공식

※특별히 오늘 3/24(수)까지는 2만 원에 참가 가능하니, 서두르세요!※

→ 10단계: 조건부 할인+지금 당장 구매전환을 촉구하는 클로징 공식

10문장(단계) 마케팅 글쓰기 실제 적용사례 ⑤

'베이직북14' 편

[베이직북14: 대기업 노트북과 비교해보세요, 20만 원대 파격 울트라북!]

→ 1단계: 숫자(가격)를 포함한 제목+자신감 어필

Basics는 Basic rights를 뜻하는 브랜드 네임입니다.

언젠가부터 생활필수품이 된 제품들을 부담 없는 가격에 좋은 품질로 제공하여 가격의 상식을 뒤엎고, 새로운 기준을 제시하고자 합니다.

→ 2단계: 브랜드 네이밍 세팅+비전 제시

'베이직북14'는 가성비가 좋은 노트북입니다.

누구에게나 완벽한 제품은 아닙니다. 누군가에게는 꼭 필요한 기능만 꾹꾹 눌러 담은 만족스러운 제품일 수도, 누군가에게는 그렇지 않은 제품일 수도 있습니다.

→ 3단계: 공감을 자극+가성비 강조

제작 과정에서 가장 어려운 부분 중 하나가 바로 무게였습니다.

배터리 크기, 프레임 재질 등 모든 요소를 검토하여 최적의 무게를 만들었습니다. 1.38kg의 가벼움은 베이직북14의 사용성을 더욱 더 높여 줍니다.

노트북 가격을 형성하는 요소는 마케팅과 유통 과정입니다. 베이직북14는 노트북이 소비자에게 전달되기까지 불필요한 과정들을 삭제했습니다. 중간 유통 과정, 연예인 마케팅 등, 비용을 줄일 수 있는 부분은 최소화하고 온라인으로 소비자와 직접 거래하는 방식과 최소한의 마케팅 구조로 합리적인 가격을 만들었습니다.

→ 4단계: '무게'와 '가격', 두 마리 토끼를 잡은 성공 스토리

노트북은 조립 제품이고 생각보다 비싼 제품이 아닙니다.

잘 알려져 있다시피 노트북의 주요 부품들은 제조사가 따로 있습니다. 우리에게 비교적 익숙한 데스크탑 PC 조립처럼 노트북도 조립이 가능한 제품입니다. 노트북은 Intel®, AMD 등 부품 전문 제조업체에서 만드는 CPU와 RAM, 메인보드, 저장장치 등을 조립한 제품입니다. 즉, 원하는 부품을 원하는 기능만큼만 조립할 수 있다면 노트북은 생각보다 비싸지 않을 수 있습니다.

→ 5단계: '노트북이 비쌀 이유가 없다'라는 문제 제기

14인치 노트북에서 빠질 수 없는 부분이 바로 해상도입니다.

간혹 TN패널이나 HD해상도의 노트북을 보면 답답하기 그지없죠. 베이직북14는 어느 각도에서나 생생한 컬러를 표현할 수 있도록 IPS 디스플레이를 선택했습니다. IPS 디스플레이는 상하좌우 보는 위치에

따른 색상 왜곡이 거의 없어, 1920x1080 해상도의 FullHD 화질로 실제와 가장 가까운 컬러를 표현할 수 있습니다.

베이직북14는 5GHz 와이파이를 지원합니다.

802.11 a/b/g/n/ac 규격을 사용할 수 있어 2.4GHz를 사용할 때보다 훨씬 더 빠른 속도를 느낄 수 있습니다. 5GHz는 2.4GHz 대비 최대 2~3배 더 빠른 속도를 자랑합니다.

38Wh의 넉넉한 리튬 배터리에 저전력 CPU를 사용하여 사용시간을 획기적으로 늘렸습니다. 베이직북14는 전력 소모를 최소화하여 용량 대비 더 많은 시간을 사용할 수 있도록 설계되었습니다.

베이직북14는 윈도우 10 Home 버전이 포함되어 있습니다.

OS 설치 추가 비용 없이 기본 설치이며 추가 설정 없이 바로 사용할 수 있습니다. Microsoft의 정품 서비스와 업데이트를 맘껏 누려보세요.

→ 6단계: 싸면서도 '해상도', '속도', '사용시간', '무료 정품 윈도우'까지 한 방에 해결

베이직북14는 양산형 케이스 중 가장 좋은 품질과 디자인을 엄선하여 사용했습니다.

시중에 출시된 양산형 케이스와 기본 형태는 비슷하지만, 색상과 재질, 마감 등 디테일에서 차이를 만들어 냈습니다. 여기에 Intel®로 부터 공급받은 CPU를 탑재하여 가격과 품질을 모두 잡을 수 있었습니다.

3867U는 2019년 1분기에 출시된 인텔 8세대 카비레이크 CPU로, 최근 울트라북 시리즈에 많이 사용되는 CPU 중 하나입니다. Ultra

Low Voltage로, 전력 소모를 최소한으로 억제한 저전력 제품입니다. 소비전력이 적어서 배터리 유지 시간이 우수합니다.

→ 7단계: 디테일의 차이 어필

펀딩 성공 40,466% 달성, 2,023,334,000원 펀딩, 6,178명의 서포터즈가 선택하고 펀딩한 노트북입니다. 1,691개의 생생한 후기를 확인해 보세요. (https://www.wadiz.kr/web/campaign/detail/qa/29032)

→ 8단계: 사회적 증거+후기 제시

얼리버드 할인 혜택 〈제한 수량 3,000개〉

'베이직북14 eMMC 32GB RAM 4GB'

가격 혜택 14%: 258,000원

→ 9단계: 얼리버드! 선착순 할인

전자기기의 기본은 사후관리가 아닐까요?

베이직북14는 빠르고 정확한 애프터서비스를 제공하기 위해 노력합니다.

제품 수령 후 1년 이내에 기기 결함으로 인한 문제가 발생 시, 리퍼 제품으로 무상 교환해 드립니다.

→ 10단계: A/S 및 무상 교환 제시

10문장(단계) 마케팅 글쓰기 실제 적용사례 ❻

'약장수'의 비밀 공개 편

지금까지 책을 잘 읽어왔다면 '약장수 멘트'가 어떤 구조와 순서로 이뤄진 것인지 보일 것이다.

1. 유혹하는 제목 짓기(타깃/이익/수량 제시)

애들은 가라~ 애들은 가!
저기 눈이 말똥말똥한 애들은 무서운 독사를 보면 꿈에 나타나.
애들은 가라~ 애들은 집에 가!

자~ 날이면 날마다 오는 것이 아녀!
그렇다고 달이면 달마다 오는 것도 아녀!

신사 숙녀 여러분덜~
아주머니, 아저씨, 시집 못 간 처녀 아가씨
부끄러워 말고 다들 이리 가까이 와 봐!
내가 오늘 여기 있는 여러분덜께만 특별한 것을 공개하겠단 말여.
그러니까 잘 들어, 잘 들어서 남 주는 것 아녀.

→ 1단계: 타깃 포함, 호기심 유발형 오프닝

2. **정체를 밝힌다**(네이밍, 퍼스널 브랜딩/태그라인)

자~ 내가 누구냐?

내가 말이여 이래 뵈도

백두산, 금강산, 속리산, 태백산, 내장산, 월악산, 계룡산, 한라산, 지리산, 설악산까지 전국 팔도를 돌아다니면서 몸에 좋다는 건 다 찾아 댕겼단 말이여.

→ 2단계: 전문가 포지셔닝

3. **공감해주기**(나도 그래! 독자와 동일시하기)

근데 너무 열심히 돌아댕겼나 봐.

아~ 벨르고 벨러서 모처럼 한번 올라 탔는디

허리가 뻐근하고 묵직한 것이 생각이 싹 가셔버린단 말여.

마누라 샤워만 해도 경끼가 나.

오줌빨 갈기는데 10분 똑똑! 거려.

→ 3단계: 공감을 이끌어 자극

4. **신화를 통한 전문성 어필**(탄생/영웅/성공 스토리)

아~ 이거 안 되겠다 싶은 거여.

그래서 새벽에 삼각산에도 가고 들에도 가고, 낮엔 바다, 저녁엔 땅도 팠다는 거 아녀.

이놈 저놈 다 때려 넣어서 먹어봤어.

아 근디 이게 잘 안 된단 말여.

좋은 넘 많이 넣는다고 더 좋은 것이 아니더라 이 말씀이여.

며칠을 고민허다 딱 3개만 골라서 엑기스를 냈다는 거 아녀.

고거 한 숟갈 딱 떠먹고 옆집 담벼락에 오줌을 놓는디

글쎄 담벼락이 무너지는겨.

두 숟갈 퍼먹고 길 가다 전봇대에 오줌빨 갈기는데 전봇대가 뿌러져!

→ 4단계: 고생 끝에 변강쇠의 탄생

5. 문제 제시, 문제 세분화, 문제 심화시키기

평소에 하체가 후들후들 떨리는 분덜,

오줌발이 70 노인네처럼 질질질 가랭이 적시고 물 묻었다고 우기는 분덜,

밤이면 밤마다 마누라 치마끈 땡겼다 묶었다 하는 사람덜,

우선적으로다 이 약 한 병 먹어야 돼.

→ 5단계: 아픈 곳만 골라 찌르면서 문제 심화

6. 솔루션(해결 방안) 제시하기

자, 이 약을 뭐로 만들었냐?

많이 넣는다고 좋은 게 아녀.

총 세 가지 엑기스로만 만들었어.

첫째, 새벽 다섯 시에 일어나서 삼각산에 올라가 봐!

시커먼 어둠 속에서 뭔가 아가리 쫙 벌리고 있는 것이 있어.

그것이 무엇이냐?

'비'자로 시작하는 약 중에 미국에 비아그라가 있어.

한국에 '비'자로 시작하는 정력제가 뭐가 있냐?

바로 비얌이 있다 이 말씀이여.

요놈들은 한 번 거시기 하는데 오늘 낮에 시작하면 다음 날 낮이나 돼야 끝나.

늦가을 독이 통통 오른 독사를 석 달 열흘 잘 말려서 가루를 내어 넣었다 이 말씀이여.

둘째, 땅에 비얌이 있다면 바다엔 물개가 있어.

요놈도 거시기 하는데 대여섯 시간이 넘어.

그 물개 거시기를 전문용어로 해구신이라고 하는데

그걸 말려 가루를 내어 넣었다 이 말씀이여.

셋째, 여름날 한 많은 세월 아쉬워 울어대는 매미.

요놈이 매미가 되려면 땅속서 굼벵이로 7년간 있어야 하는데

그 굼벵이를 달달 볶아 가루를 내어 넣었다 이 말씀이여.

→ 6단계: 3가지를 담은 엑기스 약(솔루션) 제시

7. 차별화 전략(Only One & No.1)

이 약은 말여

순진한 할머니 할아버지덜 모셔 놓고

건강보조식품을 만병통치약이라 사기 치는

싸구려 약하고는 차원이 달라.

→ 7단계: 차별화 전략

8. 증거 제시(사회적 증거/후기/통계/인지도)

휴게실 남자 화장실서 오줌 누는 아저씨 봐봐

잘 봐! 저 아저씨 바짓가랑이에 신발 다 젖어.

그럴 때 요걸 먹고 하루만 지나 봐 효과가 바로 나타나.

아침에 반찬이 달라져.

자갈밭에 오줌을 누면 자갈이 튀어.

소변기의 나프탈렌이 쓰리쿠션을 쳐.

2m 담장 넘기는 건 일도 아녀.

요즘 학생들 공부하랴 컴퓨터 하랴

눈이 아주 나쁜 학생들 천지여.

자기는 못 봤는데 선배한테 인사 안 했다고

오뉴월 똥개마냥 흠씬 두들겨 맞고 폐인 된 아그들 수태 봤어.

그런 학상들 이거 한 병만 갖다 먹여 봐.

길가는 여자 치마 속까지 다 보여.

요즘 복분자 술 선전하는데

전봇대가 넘어가고 변기에 구멍 나는 거 그거 다 뻥이여.

피부가 푸석푸석한 저 할머니 한번 자셔 봐.

폐경기 저기 저짝 아줌마 한 병만 잡숴 봐.

생리대 사러 약국 들락거리고 잘못함 애 생겨~

이 약 두 병 먹으면 어떻게 되냐?

책임 못 져!

→ 8단계: 사회적 증거 제시

9. 촉구하기(시간/수량/자격의 제한)

자~ 날이면 날마다 오는 것이 아녀.

기회는 딱 한 번 지금 뿐여!

어서어서 빨리 와~! 내일은 없어!

→ 9단계: 제한의 법칙

10. 쐐기!(헤드샷 한 줄_배보다 더 큰 배꼽/할인)

자~ 그럼 이 막강한 효험의 엑기스 약이 얼마냐?

말만 잘하면 거저 줘.

저기 공짜 좋아하는 대머리 아저씨는 공짜로 먹으면 약 효험이 없어!

오늘 특별히 딱 한 장으로 모시겄어.

백만 원?

그렇게 받으면 나 떼돈 벌어~

비얌, 해구신, 굼벵이 세 가지 엑기스를 한 병에 다 담었어.
이래서 합이 이십만 원~
이십만 원 이걸 다 받냐?

아녀, 반 뚝 잘러~
단돈 10만 원!

노래방 한 번 가도 십만 원이야.
현금 없으면 카드도 받어~
전화하면 택배로 보내줘.

그리고 특별히 90살 이상은 무료여!
→ 10단계: '50% 할인+조건부 무료' 클로징

보이는가?
당신도 충분히 할 수 있다.

자, 이제 본격적으로 약을 팔아보자!

빈칸만 채우면 끝나는 [10문장 글쓰기 워크시트]

나는 대표적인 대한민국 '호갱'이다.

(호갱: 어수룩하여 이용하기 좋은 손님을 낮잡아 이르는 말)

휴대폰은 항상 집 앞 매장에 가서 제 돈 다 주고 산다. 나만 그렇게 사면 다행인데 아버지, 어머니, 와이프 등 온 식구를 다 데려가서 휴대폰을 그렇게 사게 했다. 그래서일까. 내가 휴대폰 매장 입구에 들어서기 직전부터 사장님이 버선발로 날 맞이해준다. 그 순간만큼은 세계 제일 부자라는 일론 머스크가 부럽지 않다.

여느 때와 다름없이 제값 다 주고 계약서를 쓰고 있는데 재미있는 상황을 발견했다. 계약서에 빈칸이 있고, 사장님이 불러주는 단어를 받아 쓰고 있는 나의 모습을 말이다. 사장님이 내게 뭐라고 하는지는 잘 모르겠으나, 그냥 빈칸에 (예를 들면 '개통'이라고 불러주는) 단어를 그대로만 받아 쓰면 된다. 아주 간단하다. 생각할 필요도 이해하려는 노력조차도 필요 없었다. 보험계약서에서도 빈칸을 심심치 않게 찾아볼 수 있다. 심지어 계약서 빈칸 안에 써야 할 글씨가 처음부터 '옅은 색깔'로 쓰여있는 예도 있다. 그냥 똑같이 덮어쓰면 된다. 다섯 살 아이가 유치원에서 한글 공부하듯이.

그래서 준비했다. 빈칸은 물론이고, 빈칸 안에 친절하게 써야 할 단어들까지 포함한 글쓰기 워크시트다.

시중에 널린 각종 글쓰기 책 속 워크시트는 전부 잊어도 좋다. 보통은 단순히 네모 빈칸만 만들어놓고 독자에게 쓰라고 한다. 그런 식의 워크시트는 대부분 첫 글자도 못 쓰고 포기하기 일쑤다. 쓸 수 있을 거 같지만 막상 쓰려고 하면 못 쓴다. 당신도 해봐서 알 거 아닌가.

모르는 게 아니라 알고도 못 쓰는 것이다.

사실 처음부터 쭉 책을 읽은 사람이라면 얼추 어떻게 글을 써야 한다는 건 알고 있다. 그러나 아는 것과 행하는 것은 다른 차원이다. 고민 끝에 어떻게든 한 번만 보고도 누구나 쉽게 따라 쓸 수 있도록 글쓰기 워크시트를 휴대폰계약서, 보험계약서처럼 만들었다.

부디 지금부터는 의심도 고민도 말고, 그냥 따라 쓰면 끝이다. 끝까지 따라 쓰는 순간, 판매계약은 자동으로 체결하게 되어 있다. 그러니 머뭇거릴 시간에 빈칸만 채우자.

이번 클로징은 멋있게 《네 안의 잠든 거인을 깨워라》의 저자 앤서니 로빈스의 말로 대신한다.

"승자와 패자를 분리하는 단 한 가지는 승자는 실행하는 사람이라는 점이다."

나는 당신이 승자가 되리라 믿는다.

문장순서	핵심	당신만의 콘텐츠로 (빈칸)을 채워 주세요!
1	제목	1. 이익: 딱 (돈/아이템)으로/투자로 (기간)만에 (금액)원 버는 (콘텐츠) 2. 호기심: 합법적으로/경제적으로 (세금) 안 내는 (숫자)가지 비밀. 3. 숫자: 단 (3일) 만에 (200)명이 신청/선택한 (콘텐츠)의 노하우 공개! 4. 공감: (종신보험) 부담스러운 당신의(보험료), (콘텐츠)으로 해결하세요! 5. 필요성: 지금 당장 (콘텐츠)하지 않으면, 하루에 (금액)원 손해 봅니다.
2	정체	1. (어떤 분야) 전문가(컨설턴트/강사/마케터/아티스트 등) ○○○(이름) 2. (어떤 대상)을 위한 전문가 ○○○(이름)
3	공감	1. 그러나 처음부터 (전문가 영역)을 잘한 것은 아니었습니다. 2. 태어날 때부터 타고난 (전문가 영역)의 능력은 없었습니다.
4	신화	1. 탄생담: (피눈물 나는 막장 인생, 시행착오 끝에) 이걸 '짠'하고 만듦. 2. 영웅담: (라떼는 말이야~ 이런저런 생고생 끝에) 여기까지 왔다. 3. 성공담: (넘어지고 다시 일어나는 7전 8기 끝에) 목표 달성 / 돈 벎.
5	문제	1. 시대: (코로나)로 (온라인) 마케팅, 그중 (글쓰기)가 가장 필요한 시기 2. 타깃: (상품이든 뭐든) 팔아야/설득해야 하는 (타깃: 소상공인, 학생 등) 3. 상황: 팔아야/설득해야 하는데 어떻게 (방법: 글을 써야 할지) 모른다.
6	해결	1. (짧은) 시간: 단 (수량/기간) 만에 (해결하는) 방법을 알려드립니다. 2. (수동적) 행동: (일)하지 않아도 통장에 돈이 꽂히는 (콘텐츠) 공개! 3. (긍정적) 결과: (분야) 1위 (내)가 당신의 (결과: 성공/합격)를 책임집니다.
7	차별	1. 비교 불가! 지금껏 이런 (콘텐츠/솔루션)은 없었다. 최초 공개합니다. 2. (어떤 분야의) 책 1만 권을 읽고, 단 1권으로 정리한 (분야) 요약집. 3. (운동)도 (먹기)도 귀찮다. 그냥 (보기)만 해도 (살이 3kg씩 빠지)는 (영상)이다.
8	증거	1. (블로그)후기 (000)개 (파워블로거)/(250만) 팔로워를 보유한 (인플루언서) 2. (미국 식품의약국)에서 그 (안정성)을 인정받은 (콘텐츠: 제품, 식품)
9	촉구	선착순 (100)명 / 딱 (기간)까지만 (숫자)% 세일 / (수험생) 특별할인!
10	쐐기	1. (9만 원, 콘텐츠)를 구매/신청하시면 (15만 원) 상당의 (사은품)을 제공! 2. 만약 써보시고 효과가 없다면 (0일/0달)이내 100% 환불해드립니다.

WOW 지금까지 재밌게 잘 읽으셨죠?

'읽는다'라기보다는 제가 당신 눈앞에서 말을 하는 것처럼 잘 '들리셨으리라' 확신합니다.

솔직히 말씀드리자면 지금까지 지나치게 많은 것을 알려드렸습니다. 그런데도 쉽고 재밌게 알려드렸으니 읽는 내내 고개를 끄덕이며 웃으면서 이해하셨을 겁니다. 이제 직접 써보시면 됩니다. 이 책(워크시트)을 옆에 놓고 보면서 그대로 따라만 써도 알아서 잘 팔릴 테니까요.

2021년 넷플릭스 최고 화제작은 웹드라마 〈오징어게임〉이 아닐까 싶습니다. 마지막 회에서 죽기 직전의 일남 할아버지는 분노하는 기훈(이정재)에게 반복적으로 이 단어를 말합니다.

'재미.'

"돈이 하나도 없는 사람과 돈이 너무 많은 사람의 공통점이 뭔 줄 아나?

사는 게 재미가 없다는 거야."

"뭘 하면 좀 재미가 있을까?"

이 말을 남기고 그는 떠났습니다. 드라마는 끝났지만, 그 질문이 제 머릿속을 떠나지 않았습니다. 그래서 질문에 답을 하기로 했습니다. '누군가 질문을 했으면 대답을 해줘야 하는 것이 인지상정'이라고 했던 말 기억하시나요? (〈의심 2. 근데, 누구냐 넌?〉 참고)

재미있는 책을 읽으면 재미가 있습니다. 재미는 3가지로 분류됩니다. '즐거운 기분', '생활의 형편', '좋은 성과'입니다. 2가지로 줄이면 '웃음'과 '(경제적) 이익'입니다. 이 두 가지를 모두 포함한 책을 읽으면 됩니다. 그런데 안타깝게도 그런 책은 지구상에 없었습니다. 그래서 썼습니다. 제가 직접.

사실, 제가 이 책을 집필한 목적은 판매가 아닙니다.

진짜 의도는 당신에게 책을 읽는 동안 즐거운 시간을 선물해 드리기 위함입니다.

다시 말해 글을 읽는 재미를 느끼게 해주는 것입니다. 그렇다고 마냥

웃기는 것이 아닌, 유익한 지식과 정보를 함께 제공하는 것입니다. 그래야 독자들이 더럽게 재미없는(재미만 없으면 다행인데 보잘것없는) 정보만 주야장천 전달하는 여타 책들과는 차별화되면서 더 높게 쳐주기 때문입니다. 많은 사람이 제 글을 단 한 번만 읽어도 바로 열광하고, 그 가치를 높게 쳐주는 이유가 바로 거기에 있습니다.

부디, 유형의 물건이든 무형의 서비스(콘텐츠)든 무엇인가를 팔기 전에 잠재고객에게 어떤 재미와 즐거움을 줄 수 있을지를 먼저 고민해보시길 바랍니다. 당신이 진정으로 높이 평가받기를 원한다면 말이죠.

물론, 그 필요성은 알지만 당장 못할 겁니다.

제가 알려드리기 전까지.

지금부터는 이 책을 구매하신 분들만 특별히! 철저하게 그리고 은밀하게 〈글쓰기 1:1 컨설팅〉 신청(ymlee0070@naver.com)을 받고자 합니다.

저는 왜 하필 〈1:1 컨설팅〉만 고집할까요?

미국 하버드대학의 글쓰기 수업에서 그 이유를 찾아볼 수 있습니다. 하버드대학의 논증적 글쓰기 수업(Expos, Expository Writing Program)은 '누구나 꾸준히 노력하면 문장력을 확실하게 기를 수 있다'라는 걸 증명했습니다. 이러한 사실에 기본이 되는 하버드만의 글쓰기 방식이 몇 가지 있는데, 그중 핵심은 **〈1:1 첨삭지도〉를 중시한다는 점**입니다. 흔히 대학에서 이뤄지고 있는 일방적인 강의 전달식 수업이 아닙니다. 교수

1명이 학생 1명의 글쓰기를 꼼꼼하게 첨삭지도합니다. 또한, 교수와 학생이 한 학기에 최소 3차례 이상 1:1 토론을 합니다. 교수가 학생과 자주 만나 글을 첨삭해주고, 아낌없는 피드백을 해줍니다. 한 반의 정원은 최대 15명으로 제한하고, 교수 1명이 2개 반 이상을 맡지 않아 효과적인 수업이 가능합니다.

다시 말하면 가장 효과적이고 체계적인 글쓰기 수업은 멘토와 멘티 간 1:1 첨삭지도라는 결론입니다. 그래서 저는 사람 많이 모아놓고 글쓰기 강의를 하지 않습니다. 〈이용만의 글쓰기 컨설팅〉은 도떼기시장이 아닙니다. 한 명 한 명에게 최선을 다하는 '명품 중의 명품'이라 불리는 에르메스 매장입니다. 오직 단 한 사람을 위해 한 글자, 한 글자 정성스럽게 첨삭해드립니다.

에르메스 가방처럼 당신의 글도 제가 평생 A/S까지 책임집니다.

[1:1 글쓰기 컨설팅]은 〈레벨1〉과 〈레벨2〉까지만 진행하고 있습니다. (〈레벨2〉까지 모든 미션을 성공하신 분 중 선별해서 '곧바로 통장에 돈이 꽂히는 소책자 컨설팅'과 '독보적인 책쓰기 컨설팅'을 진행합니다.)

미션(숙제)은 각각 8개씩, 총 16개의 미션과 제 시그니처인 핑크펜 첨삭이 당신의 모든 글 한 글자 한 글자에 정성스럽게 제공됩니다.

지금부터 극히 비밀리에 진행되었던 [1:1 컨설팅 커리큘럼]을 처음으로 전체 공개합니다. 이전까지는 철저하게 비공식으로, '미션데이' 오전 10시 전후로만 그날의 미션에 해당하는 커리큘럼을 딱 하나씩 공개했습니다.

그런 제가 갑자기 전체 16개의 미션을 한꺼번에 공개하는 이유는 무엇일까요?

아래 펼쳐질 '16개의 미션'을 한꺼번에 보는 순간, 오직 영리하며 개방적이고 진취적으로 사고하며, 전문가의 조언을 존중하고 높이 평가할 수 있을 것으로 판단되는 극소수 분들이라면 지금 즉시 [1:1 글쓰기 컨설팅]을 100% 신청하게 되어 있으니까요.

※만약 당신이 여기에 해당하지 않는다면, 절대 신청하지 마세요!※

[1:1 글쓰기 컨설팅 Level. 1]

"기술은 체계적인 훈련을 통해 완성된다."

〈레벨1〉에서는 글쓰기의 기술을 익힙니다.

쉽게 말하면 글을 잘 다루는 방법을 체계적으로 알려드리고, 자연스럽게 글을 쓰는 기본적인 능력을 키워드립니다.

1. 자기소개서 작성법('나'를 쓰다)
2. 단, 〈18문장〉으로 끝내는 칼럼 작성법(논리적인 글쓰기)
3. 패러프레이징 기법(훔쳐 쓰기)
4. 리스티클 작성법(글 잘 쓰는 방법 5가지)
5. 철학적 글쓰기('본질'을 쓰다)
6. 비유 활용법(쉽게 읽히는 글쓰기)
7. 반전 활용법(허를 찌르는 글쓰기)
8. 유혹하는 글쓰기 1탄 〈5P 기법〉

[1:1 글쓰기 컨설팅 Level. 2]

"기술이 완성되면, 예술이 시작된다."

〈레벨2〉에서는 글쓰기의 예술이 시작됩니다.

예술은 아름답고 높은 경지에 이른 숙련된 기술입니다. 당신을 더 고차원적인 글쓰기 수준으로 만들어 드립니다. 이제 단순히 글을 쓴다는 것을 넘어 단 한 편의 글 자체로도 감상의 대상이 되는 아름다움을 표현하려는 활동이자 마스터피스(걸작)를 만드는 것입니다.

1. N행시 짓기(품위 글)
2. 기가 막힌 짤 사용법(보는 글쓰기)
3. 수사법 활용(글에 풍미를 더하다)
4. 유머 활용법(짧고 굵게 쓰기)
5. 라임 활용법(Show me the Rhyme)
6. 후킹 작성법(매혹하는 글쓰기)
7. 유혹하는 글쓰기 2탄 〈10S 카피〉
8. 글을 쓰는 진짜 이유

〈레벨 1~2〉를 마스터하면, 당신도 57만 원 가치가 있는 세상에 없던 '컨설팅북'을 쓸 수 있습니다!

※ 1:1 글쓰기 컨설팅 신청 및 문의(기간, 할인 혜택 등)

→ ymlee0070@naver.com

참고로, 오늘이 컨설팅 비용 가장 싼

〈글쓰기 컨설턴트〉 이용만 Dream

당신이 이 책을 구매/선택한 것 자체가 기회이고, 행운이며 성공입니다

아주 탁월한 선택입니다.

당신의 뛰어난 식견과 판단력에 경의를 표합니다.

"만일 당신이 제대로 된 길을 가고 있다 해도,

그냥 앉아만 있으면 밟히게 될 것이다."

-윌 로저스

카피라이팅? 클릭을 부르는 글쓰기? 유혹하는 글쓰기? 마케팅·세일즈 글쓰기? 설득하는 글쓰기? 논리적 글쓰기? 실용 글쓰기? 창의력 글쓰기? 하버드 글쓰기? 대통령의 글쓰기? 그리고 돈이 되는 글쓰기?

다 똑같다. 별거 없다.

딱 '두 가지'만 기억하면 된다.

첫째, 일단 한 문장을 쓴다.

구슬이 서 말이라도 꿰어야 보배고, 로또도 일단 천 원어치라도 사 와서 하나님께 기도해야 할 거 아닌가.

둘째, 한 문장을 읽으면 반드시 다음 문장을 읽고 싶게 만든다.

이것이 글쓰기의 전부다.